ICELAND

ITTOQQORTOORMIIT
Scoresbysund

ATLANTIC
OCEAN

TASIILAQ
Ammassalik

SSAT
shavn

QASIGIANNGUIT
Christianshåb

MANIITSOQ
Sukkertoppen

NARSAQ

NANORTALIK

AQ
avn

SSIAAT
sminde

SISIMIUT
Holsteinsborg

QAQORTOQ
Julianehåb

KANGAATSIAQ

PAAMIUT
Frederikshåb

NUUK
Godthåb

From the Writings of the Greenlanders

Kalaallit atuakkiaannit

Compiled, translated,
and edited
by Michael Fortescue

Illustrations by
Aka Høegh

University of Alaska Press

Library of Congress Cataloging-in-Publication Data

From the writings of the Greenlanders = Kalaallit atuakkiaannit /
compiled, translated, and edited by Michael Fortescue.
   p. cm.
English and Eskimo.
Includes bibliographical references.
ISBN 0-912006-43-9 (alk. paper)
   1. Kalatdlisut dialect—Readers. I. Fortescue, Michael D.
   II. Title: Kalaallit atuakkiaannit.
PM64.Z9K354   1990   9011122
497'.1—dc20   CIP

Printed in the United States by Thomson-Shore, Inc.
   on 60# Glatfelter B-16.

This publication was printed on acid-free paper which meets the minimum
requirements of American National Standard for Information
Sciences—Permanence of Paper for Printed Library Materials, ANSI
Z39.48-1984.

Typesetting, design, and production by Robert Emmett,
   Northern Publications Services.
Publication coordination by Deborah Van Stone, with assistance
   from Carlene Bowne.
Cover design by Carlene Bowne.
Illustrations by Aka Høegh.

Contents

Publisher's Note

The staff of the University of Alaska Press acknowledges and thanks Jan O'Dowd for her extensive and skillful volunteer efforts in preparing the English portion of this book for publication.

The University of Alaska Press also acknowledges and thanks Robert Emmett, especially for his dedication to the task of accurately typesetting Greenlandic, and Carlene Bowne, who brought talent and concentration to the duties of a student intern; both worked on various phases of the preparation for and production of the book.

Our special thanks go to artist, Aka Høegh, who has generously donated use of the line illustrations for the cover and illumination of the text.

University of Alaska Press

Introduction

This volume is intended first and foremost as a "way in" to the written literature of West Greenlandic for students of Eskimo languages who 1) have English as their mother tongue, or 2) have English rather than Danish as their second language, as in the case of the Inuit of Canada and Alaska. Danish is, of course, the primary means of communication between the minority Danish and majority Greenlandic population of Greenland, and it is still the predominant language of much technological, administrative and pedagogical activity in the former Danish colony. Following the introduction of Home Rule in 1979, Greenlandic has been used more and more for these functions; the language is adapting rapidly, sometimes smoothly and sometimes more cumbersomely, to these areas of communication. However, in recent years, especially in connection with the establishment of the Inuit Circumpolar Conference, the eyes of the Greenlanders have turned increasingly to their neighbors in North America. From the reverse point of view, I have often heard both North American Inuit and students of Eskimo languages outside of Greenland and Denmark express their wish for more material to assist them in learning the West Greenlandic dialect to give them access to the wealth of Greenlandic literature that is in print. This literature lies just beyond the reach of potential readers without familiarity with—or previous training in—the West Greenlandic variety of the language and its "odd" orthography. Even the native speakers of Inuktitut and Inupiaq, whose dialects have so much in common with Greenlandic, have difficulty understanding written Greenlandic because of the changes that have occurred in the thousand or more years since the first migrations of Inuit speakers to Greenland.

Original Greenlandic literature began over a century ago with the establishment of the first printing press in Nuuk and the birth of the illustrated journal *Atuagagdliutit*. The sheer extent of this literature is in sharp contrast to the very limited amount of nonliturgical reading material available to North America speakers of Eskimo languages. The alternative to learning enough West Greenlandic to read its literature in the original is to translate key works into English or Canadian and Alaskan Inuit, and that may be economically unrealistic at present. Given the exciting variety of

West Greenlandic material just waiting to be read, much could be gained from making the American North more familiar with the language. This would not be to the detriment of other forms of the Inuit language; on the contrary, it could inspire further literary developments there as well. In spite of the cultural inroads that English has made at the expense of these dialects, it is not too late for the example of Greenlandic (which has been largely sheltered from massive outside influence and suppression in the schools) to awaken greater concern for their own budding literature among the North American Inuit. Only the will of the people themselves, with a little economic support, can determine whether anything is made of the opportunity. At the very least, I hope that this volume will illustrate the full range of Greenlandic literature and show how a literary Eskimo language can evolve, both stylistically and practically.

Although this "Reader" is not intended as an introduction to Greenlandic literature as such, I have selected the stories and excerpts with an eye to giving as broad and representative coverage as possible, ranging in time from the earliest oral tradition to the "frontier" where the language is still in the process of developing new styles and registers today. The selections are ordered approximately according to difficulty, from easiest to most difficult, and contain samples of dialogue, straightforward narration, poetic elaboration, and philosophical commentary on Greenlandic life. Apart from such considerations of language, I have chosen them because I personally have found them entertaining and interesting in their own right. My hope is that they will provide a foretaste of what awaits readers who, with dictionary in hand, go further on their own and discover that Greenlandic literature is not as inaccessible as they might have imagined. The pleasures this can open up for them will be well worth the effort. I would recommend Robert Petersen's *Greenlandic Written Literature* and, for those who read Danish, Christian Berthelsen's *Grønlandsk Litteratur* for a survey of the history of Greenlandic literature. The latter contains excerpts translated into Danish and includes selections by many of the authors represented in this "Reader"—amongst them some of Greenland's most talented. All of the excerpts in the present volume, with the exception of the final one, appear for the first time in English; and only two of them (the two traditional legends) have previously been translated into

Danish. I have limited my selection to original prose works (two of which also contain poems), although poetry, drama, translations and journalistic debate have all played their part in the development of the literary language. It should be noted that a number of the authors represented have also excelled as lyricists. Now and then I have taken liberties with the punctuation and division into paragraphs to assist the parallel presentation. The translations themselves have been rendered into as natural a form of English as possible without straying too far from the sentence-by-sentence organization of the originals. This has meant, for example, that many of the Greenlandic "strengthening" or "subjective coloration" suffixes are not directly reflected in the English.

One sometimes hears about the frustration felt by young Greenlanders who are unsure how to defend themselves when they are accused by their elders of "losing" their language, forgetting old words, leveling the grammar, and so on. Is there no alternative, others may wonder, to using Danish for advanced academic, professional and technological purposes, and relegating Greenlandic to daily communication with family, friends and fellow Greenlanders at work? These are some of the most pressing problems that face the language today with ramifications on many levels of society. There is no reason to believe that Greenlandic will not be able to meet the challenge, as it has met many others in the course of its development as a written medium. I hope the contents of this volume will be seen as proof of the flexibility and adaptability of this living, changing language.

From the Writings of the Greenlanders

of the Greenlanders

Kalaallit atuakkiaannit

Ukiut 300-nngornerat
The 300th Anniversary[1]
Chapter 2

Augo Lynge

This excerpt is from the second novel ever written in
Greenlandic (1931); the first was Mathias Storch's *Sinnattugaq
(The Dream)* of 1914. Significantly, both works were visions of
Greenland's future. Lynge's novel, set in the year 2021, could
almost be called science fiction if it weren't that reality has
caught up with his vision much faster than he could have
foreseen.

This excerpt contains some straightforward, natural dialogue;
and it also demonstrates one of the major challenges facing the
Greenlandic language in this century: the creation of neologisms
corresponding to "western" (here read "Danish") technical
expressions. Should the Danish term simply be borrowed or
should an attempt be made to create a Greenlandic equivalent?
Lynge's text uses many Danish loans of this nature, followed by
Greenlandic explanations in brackets; later writers would perhaps
have preferred a Greenlandic expression alone (they of course
have a large "explanatory" Danish-Greenlandic dictionary to
help them). All of the novel's major themes are touched upon in
this excerpt: the economic advances in fishing and sheep-herding
which the author predicted, the pursuit of bank robbers across
the Inland Ice, the preparations for the three hundredth
anniversary of Hans Egede's arrival in Greenland, increased
contact with North America, and even an interesting suggestion
as to what might be done with the mass of ice encumbering the
country. Lynge's views as a teacher and politician (for example,
on closer integration with Denmark) come through clearly and
reflect the social concerns of his time.

At this point near the beginning of the story sheep farmer
Jensen, on a visit to town from the south, is seen taking his old
friend Frederiksen, a fisherman from Qaqortoq, to meet his sister
and her family.

Having seen them (Jensen and Frederiksen) coming, they (the Hansens)[2] went out to meet them before they arrived at the garden gate: an old woman and a man with graying hair. A moment later a stocky young man and a pretty young girl followed them out.

"Welcome, brother!" the first woman said, taking Jensen by the hand; and she looked at Frederiksen with an enquiring expression.

"This is my old friend Frederiksen," Jensen began. "He's a trawler owner from Qaqortoq, and he's up here to fish. I brought him along to say hello to all of you. You've seen something of him before, but you probably don't remember him." He turned to Frederiksen. "This is my sister, Mrs. Hansen. And this is her husband, town councillor and storekeeper Hansen. Their children, Erik Hansen and Miss Valborg Hansen."

Fredericksen shook hands with everyone and spoke to them in Danish[3].

"Welcome, Mr. Frederiksen. You will of course be spending the night here," Mrs. Hansen said.

"Well, thanks but no," Frederiksen began hesitantly. "My boat is here; and since I haven't let the others on board know about any plan for staying the night, I'd better go back."

"Oh, we'll let them know. Do stay the night here; you've come from so far south, it'll be a pleasure having you," Hansen said.

Frederiksen gave in. "As you like. I've turned down enough offers for one day. Thanks a lot."

They went up into the well-furnished rooms of the house.

"Why did you arrive so late?" Mrs. Hansen asked. "We've been expecting you since the end of the afternoon."

Aggerneranni takoreersimagamikkik naatsiiviup matua
tikinngikkaat annivigaat. Arnaq utoqqasaaq angullu nujai
qeersaalersut. Kingornagut angut inuusuttoq pillagunartoq
niviarsiarlu inuuserissoq pinnersoq malinnaapput.

"Tikilluarit aniik!" arnaq siulliusoq pilerpoq, Jensen assaatigut
eqillugu aperiniartutullu Frederiksen isigalugu.

"Tassa ikinngutitoqara Frederiksen," Jensen pilerpoq,
"umiarsuaaraatilik Qaqortup eqqaamiu, aalisariarluni
maannartoq. Ilasseqqullusi aggiuppara. Takutsiarsimagaluarpat
eqqaamanavianngilat." Frederiksenimullu saalluni: "Tassa
qatanngutiga fru Hansen. Aana uia byrådimut ilaasoq, niuertoq
Hansen. Qitornaat Erik Hansen, frøken Valborg Hansen."

Frederiksenip tamaasa eqittarpai, danskisuinnarlu oqaluullutik.

"Tikilluarit Frederiksen, soorngunami unnuissaatit," fru
Hansen oqarpoq.

"Ila qujaannarpunga," Frederiksen perngarluni pinaallerpoq.
"Umiarsuaarara maaniimmat ilakkalu unnuinissannik
nalunaarfigisimannginnakkit ikaartariaqarpunga."

"Aa, nalunaarfigitissavavut. Unnuiinnarniarit qavanngarsuaq
pigavit alutornassaqaatit." Hansen oqarpoq.

Frederiksen nakkaannarpoq. "Piumasassinnik. Ullumikkut
pinaasernikka naammagilerpakka. Qujanarsuaq."

Majuarput. Init pisatarissorsuit iserfigaat.

"Sooq taama kingusinaartigalusi tikippisi?" fru Hansen
aperaaq. "Unnoqqaaginnarmalli ilimagilerassi."

"It was my fault he was delayed from leaving earlier," Frederiksen replied.

"We waited for the wind up the fjord to drop too. There was fog to the west as usual today, and it took a long time for the wind to die down," Jensen added.

"We grew impatient waiting for you so we went ahead and ate," said Mrs. Hansen. "Valborg, the food will have grown cold; heat it up, will you?"

Valborg went out.

"Well, how are you?" Hansen asked Jensen.

"We're fine; mother and the children send their greetings to you."

"Do you expect a good harvest?"

"If the weather continues like this, we should have a good crop, but it's a question of how it will be at harvest time. Because it was such a good winter, we still have plenty of hay left over. We'll have that in reserve even if it's a bad harvest this year."

"How about in the south? What kind of a year have the sheep-farmers had down there?" Hansen asked Frederiksen.

"It snowed hard and was very cold this spring so quite a number of lambs died, but you couldn't say it was a great disaster. That's the way it goes some years, but it becomes profitable again whenever there is a good winter," he replied.

"What about you fishermen, what sort of a year have you had?"

"Well, it was not as good as in past years, especially since the wind shifted to the south, which caused the drift ice to come in

"Uangamiuna aallajaarnissaraluani akornguserakku,"
Frederiksen oqarpoq.

"Aammami isersarneq qatsorsiigatsigu. Ullumiaasiit kitaa
pujoqariarmat qatsorumaataarami," Jensen oqarpoq.

"Utaqqigaluarlusi erinitsakkatta neriinnaratta," fru Hansen
oqarpoq. "Valborg, nerisassat nillorsimapput kissakkallakkit."

Valborg anivoq.

"Nå, qanoq ippisi?" Hansenip Jensen Aperaa.

"Ajunngeqaagut, anaanap meeqqallu inuulluaqquaasi."

"Ivigartarluassangavisi?"

"Ila taamaaginnassappat ivigartarluaqqajaqaagut, kisianni
katersuiffiup nalaani sila qanoq ikkumaarnersoq apeqqutaavoq.
Ukiorli ukiorissaaqimmat uagut sipporussatsinnik
ivigaatilissuuvugut. Ukioq manna katersuinerliussagaluarutta
sillimmatigissavavut."

"Taqqavanimi? Savaatillit ukioq qanoq ukiippat?" Hansenip
Frederiksen aperaa.

"Upernaaq manna aperujussuaqimmat pueqqorlunilu
savaaqqat ajunaartut ikittuunngikkaluarput, taamaattorli
ajortuuvissunik oqaatigineqarsinnaanngillat. Ukiummi ilaanni
taamaattarput, ukiorissaartaleraangalli iluanaariartoqqilersarlutik,"
akivaa.

"Ilissimi aalisartut qanoq ukiivisi?"

"Aa, qanganit ajorneruvoq, pingaartumik illuanut
saassimalernerani kiganngartuaannarluni sikorsuit

to shore again. However, we caught quite a lot of Greenland halibut and shark. We fishermen in the south are at a real disadvantage compared to fishermen around here. Those who want to make a good catch at the beginning of the summer—somewhere without obstacles and with plenty of fish—have to go further north whenever the drift ice starts coming in. That's why they've taken more to sheep-farming down in the south. Today there are about 500,000 sheep. Cattle and horse breeding are also making advances, and farming too. But the drift ice in the spring prevents the movement of ships; sometimes they are stranded for a long time because of it."

"Did you encounter any difficulty coming north?"

"Yes, we did actually. Our ten trawlers were trapped for five days at Torsukkatak. It was only thanks to a north wind that blew up that we weren't delayed longer."

The doorbell rang and Erik went to open the door.

"What does your son do?" Frederiksen asked Hansen.

"He's a policeman. My elder son helps me in my store," he replied.

The voices of the young people were heard as they approached.

"Why, your son Jens is with them," Mrs. Hansen said to Jensen. "I recognize his voice."

"And that's my son Adolf," Frederiksen said.

"He didn't want to come, but I brought him because he needs to warm up too," explained Jens Jensen.

"Have you fastened the motor-boats in position?" Jensen asked.

"Yes, they're securely moored."

tulasimaannaleraluaqigamingaasiit. Taamaattormi
qaleralingaatsiarput eqalussuarlutillu. Taamaattorli uagut
taqqavani aalisartuusugut maani aalisartunut naleqqiulluta
ajornakusooruteqarneruvugut. Aasalerneranimi akornguteqaratik
pilissiorlutillu aalisarluarumasut tamarmik avannarparteriaqarput
sikorsuit akorngutaaleraangata. Taamaattumik taqqavani
savaateqarneq aallunneruaat. Maannakkut missiliorneqarput
500.000 eqqaanniittut. Saniagulli ussiuteqarneq hiistiiteqarnerlu
alliartoqaat, naatsiivilerinerlu. Kisianni upernaakkut
sikkertarnersua umiarsuit angalanerannut akorngutaasaqaaq,
ilaannilu imunga unissutaavissarluni.''

"Ilissi avannamukarassi akornguteqanngilasi?''

"Naaggaluunniit. Torsukattammi ullut tallimat sapernguvugut
umiarsuaaqqat quliulluta. Avannilerallartillugulu
sivisunerunngilaq.''

Matu sianerpoq. Eriullu mappiukkiartorpaa.

"Ernerit sumik atorfeqarpa?'' Frederiksenip Hansen aperaa.

"Politiiuvoq. Angajulleq niuertarfinni ikiortigaara,'' akivaa.

Inuusuttut oqallippalullutik majuarpalupput.

"Sunaaffa ernerit Jens ilagaajuk,'' fru Hansenip Jensen
oqarfigaa. "Nipaanit ilisaraara.''

"Tassa ernera Adolf,'' Frederiksen oqarpoq.

"Piumanngikkaluaq majuuppara aamma
uunnassertariaqarmat,'' Jens Jensen oqarpoq.

"Pujortuleeqqat inissereerpisigik?'' Jensen aperaaq.

"Aap, isumannaareerput.''

"Please come in; food is waiting," Valborg said as she appeared at the diningroom door, greeting the young people with a smile and a hand-shake. They sat down at the table and started to eat.

"With music it will taste better," Valborg said. "won't it, uncle?"

"Sure!" everyone cried.

"What do you want to hear?" Valborg asked as she went to the radio. "America?"

"We generally prefer to listen to South America—Buenos Aires or Rio de Janeiro. But whatever you want will be fine. Come on, give us something different to hear," Jens said.

"What time is it by the clock? About 23.00. We'll be able to get Australia now. We can listen to the midday concert in Sydney," Valborg said. "And we can keep moving westwards as the evening goes on. We can take in Melbourne, Adelaide, and then Tokyo in Japan."

She went into the other room to turn on the radio.

"My, how quickly Valborg is growing. When she turns away, it reminds me of you when you were a girl; she looks so like you," Jensen said to his sister.

"That's what everyone says," said Mrs. Hansen. Turning to Frederiksen, she added, "Last year she graduated with good grades. Now she's teaching English to storekeeper Petersen's children." Then she added something only her brother could hear: "But I don't believe that's going to last long. You see, she is very close to the son of the fish factory owner, Holbech-Schultz. In fact, Valborg seems to be very fond of him."

When the radio came on, everyone stopped talking to listen. After a while when there was a pause, Hansen said: "The

"Værs'go'⁴, iserniartsi, nerisassat piareerput," Valborg
nerisarfiup matuanit takkulluni oqarpoq, inuusuttut qungujulluni
ilassillugit eqittarlugillu. Nerrivimmut ingipput, nerilerlutillu.

"Nipilersortulerlugu mamarnerussapput," Valborg oqarpoq,
"ilaa angaa."

"Ilaanarujussuaq," tamarmik nillerput.

"Suna tusarumavisiuk?" Valborgip radioapparat ornillugu
aperaaq, "Amerika?"

"Uagut Sydamerika tusarnaarumanerusarparput. Buenos Aires
imaluunniit Rio de Janeiro. Kisianni ilissi persi pitsaaqaaq atagu
allamik tusarteriartigut," Jens oqarpoq.

"Nalunaaqqutaq qassinngorpaana? 23-nngulerpoq. Taava
Australia ajornarunnaariissaaq. Sydneymi ullup qeqqani koncert
tusarnaarsinnaavarput," Valborg oqarpoq,
"unnuaroriartortillugulu kippariartorsinnaavugut. Melbourne,
Adelaide, Japanimilu Tokyo ilanngussinnaavarput."

Radioapparat inip aappaaniittoq iserfigaa.

Ilami Valborg perulertussusia. "Tunukkaangat assut
eqqaassutigisarpara niviarsiugallaravit assigilluinnarmatit," Jensen
qatanngumminut aparpoq.

"Tassami tamarmik taama oqartarput," fru Hansen oqarpoq.
Frederiksenimullu saalluni: "Siorna ilinniarnertuutut
soraarummeerluarpoq. Maannakkut niuertorsuup Petersenip
qitornaanut tuluttut ilinniartitsisuuvoq." Qatanngumminullu
ilami tusaasinnaanngisaanik: "Kisianni tassaqa sivisunaassava.
Aalisakkanut fabrikkiutillup Holbech-Schultzip erneralu
ikinngutigiittorujussuugamik. Valborgillumi aamma nammineq
kiisami taanna iluarinnguatsiavikkamiuk."

Radio appimmat tamarmik nipangerlutik tusarnaarput.
Tassuugunngoraa nipangerallarmat Hansen oqarpoq:

preparations for the anniversary are making a lot of work for us. And now on top of that we have this robbery on our hands.''

"How did it happen anyway?'' Jensen asked.

"Well, you've heard that there was a break-in at the Bank of Greenland last night,'' Hansen said. "There's a paper over there if you haven't seen it yet.''

He took the paper and began to read: "50,000 crowns in paper money are missing. It is not known how the thieves got in or who they are. It is known, however, that they wore gloves for the job. Chief of Police Habakuk Uppernanngitsoq examined the polished furniture with a magnifying glass, hoping to find fingerprints, but without success. The 50,000 crowns were nothing, however, compared to the amount stolen at the Grand Hotel where that same night a jewel-box belonging to the wife of an American millionaire was stolen. The valuables stolen were worth half a million crowns. Also on the same night one of the two airplanes owned by the Travel Agency disappeared. It is still not known where the thieves are headed. The millionaire has offered a reward of 10,000 crowns to anyone who recovers the valuables.''

"It's the first time I've heard of a bank robbery here,'' Jensen said.

"Things that we've only heard about or read in novels are now coming to our country. Not only the benefits of civilization, but also its bad aspects are showing up.'' Hansen continued: "Thieves are following in the tracks of the rich. The bank robbery is especially bad because a lot of people will lose the money they have saved. Insufficient vigilance is partly to blame; no one expected such a thing could happen. However, the police have an idea who the thieves are. They think it could be the two men who arrived the other day with the British Travel Agency's ship. The police have radioed a description of these men all over the land, and also to the nearest neighboring countries, America

"Nalliuttorsiornissamut pikinersuaq sulinaqaaq. Asulumi
nalaalluinnarluni aamma tillinniarnersuaqarmigami."

"Hii, usi taanna qanorpiaq-una pisimasoq?" Jensen oqarpoq.

"Tassami tusareerparsi ippassaq unnuami Grønlands Bankimi
tillinniarnersuaqartoq," Hansen pilerpoq. "Aajuna aviisi suli
takusimanngikkussiuk."

Aviisi tigullugu atualerpaa: "Aningaasat pappialat, koruunit
50.000 peqanngillat. Qanorli ilillutik tillinniat isersimasut
kikkuusullu nalunarluinnarpoq. Nalunanngilarli aaqqaserlutik
sulisimasut. Politiit siulersuisuat Habakuk Uppernanngitsoq
allisitsiuserluni misissuigaluarpoq pequtit qillersaataat assaat
naqinnerinik nassaarfigisinnaasoralugit. Kisianni naamivik.
Taakkuli 50.000 koruunit suunngillat akunnittarfimmi Grand
Hotelimi tilligaasunut naleqqiullugit. Tassami aamma unnuaq
taannarpiaq Amerikarmiup miliuuniutillup nuliata
erlinnartuusivia tillinneqarpoq. Erlinnartut tilligaasut koruunit
miliuunillit qeqqi naligaat. Unnuarlu tamannarpiaq
turistselskabit[5] timmisartaata aappaa peqanngilaq. Nalunanngilaq
qimaanerminnut atorsimagaat. Sulilu sumunnartut
paasineqanngillat. Miliuuniutilik erlinnartunik utertitsisumut
akiliiniarpoq 10.000 koruuninik."

"Soorlu aatsaat bankimi tillinniartunik tusartunga," Jensen
oqarpoq.

"Tassami oqaluttualiani atuartakkavut tusaamasavut aamma
nunatsinnut pilerput. Civilisationip[6] ajunngitsortai kisimik
nalliunnaviannginnamik, kisianni aamma ajortortai." Hansen
nangippoq: "Tillinniartummi pisuut tumisiorlugit
malittaannarpaat. Pingaartumik uagut bankitta piiaaffigisaanera
ajoraluaqaaq. Inuit ilarpassuisa aningaasat sipaagannguatik
annaassavaat. Kisiannili aamma taama pineqajuikkamik
ilimasunngginnermit paarseqqarpallaarnerat pissutaasimavoq.
Kisianni politiit tillittut kikkuussusiat paasingajappaat.
Taakkuusoraat issaq umiarsuarmik tuluit turistselskabit piannik
tikittut ilaat angutit marluk. Angutillu taakkua signalementiat[7]

and Europe, even though they don't think they can get very far because the airplane has only a little fuel in it.

This morning's paper reported that there was a phone call from the hotel on the nunatak 'Timerleq': two men suspected to be the wanted ones had arrived across the Inland Ice. They said they were explorers, but they looked suspiciously like the police descriptions. This morning the secret police flew up there."

"So there's a tourist hotel on the nunatak?" Frederiksen asked.

"Sure, it's five years since it was completed."

"I've heard about it," Frederiksen said, "but without seeing it it's difficult to believe."

"What cannot be achieved in our great land?" said Hansen. "When the building was started, everybody said it was impossible. The people who wanted to build it were ridiculed and called crazy. But now—yes, it is the pride of the Danish Travel Agency; it was they who took the initiative to build it. You should see it; it's a most beautiful building."

"But how did they transport the materials for it up there?"

"They used the rock from the nunatak itself for the walls, of course. The other materials were flown in. And it wasn't cheap— it cost several millions. But it will soon pay for itself with all the rich tourists that visit it. There are Sunday trips to it from right here. It's really great; it's so fresh in the summer, without any insects up there in the middle of the white ice and with a view of the west coast mountains, all bluish. I've heard they are already thinking of building a similar hotel on another nunatak in the south. Just think how close countries have become to each other in our time, thanks to airplanes and other means of flying back and forth.[8] So many rich people from other countries visit here.

politiit aviisitigut radiokkut tamanut nassiuppaat, aamma
nunanut qaninnernut, Amerikamut Europamullu. Kisianni
timmisartoq benzinikimmat ungasissumut pineq sapissasoraat.

Ullaarlu aviisimiippoq: nunatap 'Timerleq'-up angalasunut
akunnittarfianit oqarasuarput pasillugit taakkuusoralugit angutit
marluk sermersuakkoorlutik tikittut. Ilisimasassarsiortuullutik
oqarsimapput. Kisianni signalement assigeqimmassuk
pasisimavaat. Ullaarlu politiit isertortut timmisartumik
tappavunnarput.''

"Nunatami aamma turisthoteleqalerpa?'' Frederiksen aperaaq.

"Tassami ukiut tallimat qaangiupput inermat.''

"Tusaraluarparami,'' Frederiksen oqarpoq, "kisianni
takutinnagu upperineq ajornangajappoq.''

"Sunami nunarsuatsinniittoq inugaalerpa?'' Hansen oqarpoq.
"Taannaasiit aallarnerniagaalermat alla nipaanngilaq:
ajornaqaaq. Inuillu sulissutiginninniartut illaruaatigisaapput
tinnaartuuneragaallutillu. Massakkulli—ja, tamannami danskit
turistselskabiannut nersornaataavoq, taakkua suliaritimmassuk.
Takussagaluarparsi aatsaat tassa illorsuaq kusanartoq.''

"Qanormi ililugit pisatassai assartorpaat?''

"Soorngunami nunatap nammineq ujarai qarmarai.
Pisatassaali allat tamarmik timmisartumik assartorneqarput.
Akikitsuunngilarlumi—miliuunit qassiiusimapput. Kisianni
erininanngitsumik imminut akilissaaq, angalasut pisuut
ornigartorujussuugamikku. Maanngaanilluunnimmi sapaammi
nuannaariarfigisarpaat. Assut alianaappoq, aasami nillataaq,
ippernaqajuitsoq, sermersuup qaalloriup qeqqani, kitaani
sinerissap qaqqarsui tungujorteruloorlutik. Tusarparami aamma
avani nunatakkut allakkut taamaaittumik illorsuarliornissaq
eqqarsaatigineqalereersoq. Eqqaamaniarullumi qanoq
maannakkut nalitsinni nunat imminnut qanillitigisut timmisartut

Since they started flights over the North Pole, aircraft come from China and Japan and India all the time.''

"What is it up there (at the nunatak) that attracts visitors so much?'' Frederiksen asked.

"Remember that the Inland Ice is one of the most surprising and rare sights our country offers. When the weather is good, the tourists are taken over the Inland Ice by plane. Of course, occasionally they will meet with a sudden gale or snow storm, and accidents can happen. Anyway, as for those thieves...well, my son will know more about them since he has probably heard things that are not yet in the papers.''

"Well, this morning Chief of Police Uppernanngitsoq and his second-in-command flew to the nunatak to take a look,'' Erik Hansen began. "They phoned back later to report. When they got up there, they went to the hotel, leaving the pilot behind outside. Just as they were going in, two men left from the other side, one limping and the other carrying a suitcase. The pilot was suspicious but let them do as they wanted. One of them approached him and asked how to get down onto the Inland Ice. While the pilot was explaining, the other man came up behind him and hit him over the head, knocking him down almost unconscious. The police officers ran out of the hotel just as the two men got into the plane and took off.''

"Oh, dear, did they get away?'' Jensen asked.

"No one knows where they are heading,'' Erik Hansen went on. "The plane is not a new one and its engine tends to cut out⁹, so it's difficult to fly if you don't know it well. It must have just happened to be in good working order.''

They finished eating. Hansen led them into his study: a big room, two walls of which were filled with books. Hansen had Danish ancestors: his grandfather, who had been a storekeeper, silaannakkoorutillu taama angallataatigilermata. Assut nunanit tamanit pisuut ornigarilerpaat. Nordpolilu qarsullugu silaannakkoorutit ingerlaveqalermata Kinamit, Japanimit Indiamillu imaaginnalivipput.''

''Suna aamma tappavani taama atsigisimik kajungeraat?'' Frederiksen aperaaq.

''Eqqaamaniaruk sermersuaq nunarsuatsinni takusassat tupinnarnerit qaqutigoornerillu ilagimmassuk. Silagilluartillugu timmisartumik sermersuaq qulangiasarpaat. Soorngunami qaqutigut tassanngaannaq anorersualiutitillutik persorsualiutitillutillu ajunaartoqartarput. Nå, kisianni taakku tillittut...nå, ernerma ilisimanerussavai suli aviisiniinngitsunik tusagaqarsimajunnarsivoq.''

''Tassa ullaaq politiit siulersuisuat Uppernanngitsoq tullinilu timmisartumik nunataliarput takuniaallutik,'' Erik Hansen pilerpoq, ''ullumilu oqarasuarput: tappavunga pigamik akunnittarfik ornippaat ingerlatitsisoq kisiat qimallugu. Iserniariarmata illuatungaanit angutit marluk annipput aappaa tusiattorujussuaq, aappaa kuffertimik tigumiartoq. Ingerlatitsisup pasitsaatimisaaraluarlugit ilaginnarpai. Tikilerlugulu aappaa aperaaq: sukkut sermimut aqqarfeqarpa? Ajoqersuunnialeraalu aappaata tunuaniit niaquagut anaaqaa orlutillugu ilisimajunnaarsingajallugu. Akunnittarfimmillu arpaliutilersut timmisartumut ikipput aallarlutillu.''

''Ajussusia, aniguippat?'' Jensen aperaaq.

''Sumummi aallartut nalunarluinnarpoq,'' Erik Hansen nangippoq. ''Timmisaat taanna nutaanngitsuugami maskiinaa inukullersartuugaluarpoq, ilisimavinnagu ingerlatinneq ajornangajalluni. Nalaalluniaa nakortissimassaaq.''

Nerillutik inerput. Hansenillu allaffimminut isertippai. Allaffia inikkataarsuuvoq iigai marluk atuakkanik ulikkaartut. Hansen danskinik siuaasaqarpoq, aataa niuertuusoq utoqqanngorluni had moved to Grønlandshavn[10] in his old age. But his father, like Hansen himself, had had a Greenlandic wife.

Hansen showed them at once some new books. Taking out a thick one, he explained that it was written in English by an American scientist who proposed that the ice covering the interior of Greenland should be melted so that it could be settled by large numbers of people. The book included a map of the country which showed the thickness of the ice as it had been measured at different places, where there were mountains beneath the ice, and where there were valleys, and so on. He urged all the states closest to Greenland to help economically. As an incentive, he mentioned that it had been established that the whole country from Disko and Nuussuaq over to Scoresby Sund was one great bed of coal, and that various metals would undoubtedly also be found here and there. He wanted to direct the removal of the ice himself, but for the time being he would not reveal by what technical means he intended to accomplish this.

The biggest Danish newspapers disagreed with the book. One of them called the author mad; another praised the proposal for being well written but doubted strongly that it could be carried out; and finally one suggested that it should be tried first on the great glaciers around Isortoq fjord. If the results there were promising, the United States of Europe and the United States of America might be induced to come to an agreement on the matter.

Grønlandshavnimut nunasisimammat. Ataatanili Hansenilu
nammineq kalaallinik nuliaqarput.

Hansenip erngiinnaq atuakkanik nutaanik qimerloortilerpai.
Atuagaq issusooq tigullugu oqaluttuuppai tassaasoq
Amerikamiup ilisimatuup tuluttut atuakkiaa tassani
siunnersuutigisimallugu Kalaallit-nunaata timaata sermersuata
aatsinneqarnissaa, nunap timaa inuppassuarnut
nunasiartorfigisinnaaqqullugu. Nunap assinga ilanngussimavoq
sermip issussusianik uuttortaanerit najoqqutaralugit titartagaq
sermip ataani sumi qaqqaqartoq, sumi qooroqartoq il. il.[11]
ilanngussimallutik. Naalagaaffiillu Kalaallit-nunaannut qaninnerit
tamaasa aningaasarpassuarnik ikiuuteqqullugit
kajumissaarsimavai. Kajumissaarutigalugillu taagorsimallugit
nuna tamarmi Diskop Nuussuullu eqqaannit Scoresby Sundip
tungaanut aamarsuaannarsuusoq ilisimaneqarmat,
qularnanngitsumillu saffiugassanik tamalaarpassuarnik aamma
nassaassaqassalluni. Nammineq sermersuup piiarniarnissaanik
siulersuisuujumavoq, sunilli sakkoqarnissani
isertorluinnarallarlugu.

Danmarkimi aviisit annerit atuagaq assut
isumaqatigiissutigisimanngilaat. Ilaata angut taanna
niaqulaartuunerarpaa, ilaata siunnersuutaa allalluagaassusia
pillugu nersoraluarpaa, kisianni naammassineqarnissaa
qularnartorujussuutillugu, kiisalu ilaat siunnersuivoq Isortup
eqqaani sermersuit ooqattaarutigalugit piiaqqaaqqullugit.
Tassanilu sulinera takullugu neriulluarnarpat Europap
naalagaaffii peqatigiit Amerikallu naalagaaffii peqatigiit
isumalioqatigiissitaqassasut apeqqut tamanna pillugu.

1) The anniversary of missionary Hans Egede's arrival in Greenland in 1721, to be celebrated later in the book with a public festival.

2) i.e., Jensen's older sister and her husband Hansen who are followed by their son and daughter as they greet the two men at the door of their home.

3) This Greenland of the future is completely bilingual. Note the rather formal manner of referring to people by their last names (and *"fru ...."* for a married woman and *"frøken ...."* for an unmarried one) reflecting Danish usage of course.

4) Roughly "please—help yourself" in Danish. Other Danish interjections here are *"ja"* (yes) and *"nå"* (well).

5) The author provides a Greenlandic gloss for this Danish loan-word: *nuannaarniarlutik angalaniartut angalanissaannik aaqqissuisartut* which can be found in the Danish-Greenlandic dictionary. Somewhat of a mouthful for everyday purposes!

6) Author's gloss: *inuiaat kulturillit atugaannik peqalerneq.*

7) Author's gloss of the Danish word: *timimikkut atisamikkullu qanoq ittuussusiat.*

8) *silaannakkoorut* was probably specifically a zeppelin for the author.

9) Literally "tends to faint."

10) The fictitious name of the main town in the story, clearly corresponding to Nuuk.

11) = *ilaallu ilanngullugit.*

Akilinermiulersaarut[1]
Account of the People on the Far Side, Chapter 1

Jakob Olsen

The vision in this excerpt from Jakob Olsen's
Akilinermiulersaarut of 1927 is directed toward the past
rather than the future. It is an account of the author's travels
with Knud Rasmussen's Fifth Thule Expedition to Canada,
describing a Greenlander's reaction to contact with his people's
past. The humor and evident enthusiasm of the author more than
compensate for any lack of stylistic sophistication in this book.
This extract from the beginning of the book describes Olsen's
first meeting with Canadian Inuit at the trading post run by the
eccentric Captain Cleveland. The whole book contains a mine of
anthropological observation combined with personal anecdote
which should be of interest to a North American readership. I
particularly recommend the final pages which give an amusing
picture of New York as it appeared to the fresh eyes of a
Greenlander in the nineteen twenties. It abounds with
exclamations of wonder.

"In Search of People"

As soon as the sea between us and the land[2] was frozen and the ice was solid enough for travel, a party prepared to leave: Knud, Peter and Boorsimaat[3] were to go to Repulse Bay (Aivilik), for they knew that there would be people up there.

When at last they were ready, they set off on the 24th of November; some of us accompanied them part of the way. After they left, those of us who had stayed behind began making trips around our little island on skis, sometimes hunting ptarmigan and Arctic hare. Our women set traps for foxes.

We waited eagerly for the return of those who had accompanied the party searching for contact. When at last they came back, we got them to tell about what they'd seen, and their accounts were most interesting. When they reached the mainland, they reported that they had found a bearded seal under a pile of stones and had seen a strange-looking sledge left behind; it was deep and had thick runners.

At about the time we expected the search party to return, we prepared to go to meet them. We planned to go and pick up the food we had left for the dogs during the fall at Vansittart Island. By the time we arrived there, however, wolves and foxes had eaten almost all of it. The following day we set off again; and when we reached the "Suvlu"[4], we realized that the party had moved on that morning because we saw their fresh sledge tracks. In the snow-house we found strange condensed milk cans with labels unfamiliar to us. From this we concluded that they had actually contacted the people we were so anxious to meet. We felt choked up with emotion because we looked forward so much to hearing what they'd have to report.

Early the next day we headed homeward and, after quite a long journey, we arrived back at last. What terrific stories they had to tell[5]! They had met people who spoke our own language, which they said was a marvelous experience; they had stayed with a white American trader called Mr. Cleveland—"him with the big nose" as they said.

Inussiulerneq

Timerput sikummat sikulu qimusserfiginnersilermat erngerlutik ilavut piareersalerput aallarnissaminnut. Kunuut, Piitaq, Boorsimaallu aallartussanngorput Repulse Baymut (Aivilingmut) tappavani inoqassasoq nalunnginnamikku.

Kiisa piareersareeramik aallarput Novemberip 24-anni, ilattalu qanivaat. Taakku aallarsimalermata kingornanni paasugut qeqertannguarput angalaarfigisarparput sisorariartarlutalu ilaannilu aqisserniartarluta ukalerniartarlutalu. Arnartavullu kiisaqattalersorput teriannianut.

Inussiortunik qanisisut uteriarnissaat ilimagisalerlugu asumi tikipput. Oqalualaarsiuleratsigillu oqalualaavi qiimmaallannaqaat. Nunavimmut pisimanerarput ussullu perusaq nanisimallugu takusimallugillu qamutit qimatat allaanerarlugillu qamutitaat issunerarlugit perlaarsuilu silinnerarlugit.

Mulusortatta uteriarnissaat missiliuleratsigu parsiarnialerpavut. Ukiaammat qimmit nerisassaat Nagjugtuumut (Vinsittart Islandimut) qimatavut aqqusaajutiginiarlugit. Tikikkaluarpavut kisiannili amaqqut terianniallu nerisaraluqit nunguleraat. Aqaguani aallaqqippugut, 'Suvlu'-mullu pigatta paasivarput inussiortut ullaammat aallarsimasut inaat ullaarnisaammata. Illuikkamilu takuavut immuaqqat qillertuusat allaasut uagut pitsitut nalunaaqutaqanngitsut. Taakkunanngalu paasivarput takujumaqisatsinnik inussisimasut. Soorlu asuli issannguusaaginnalersugut tusagassavut qilanaarinermit.

Aqaguani ullaannguaq uteriarluta aallarpugut, ingerlalooratta kiisa tikeqisugut. Nuanneqaallu oqalualaavi: inunninngooq oqaaseqatigisatsiarsuatsinnik inussisimallutik nuannernerarlugillu aammalugooq qallunaaq Amerikamiu niuertorsuaq najorsimallugu Mr. Clevelandimik atilik, "unnialugooq qingalik."

Peter wasn't with them because he had gone on further to talk with the ship's captain at Mattoq. After being indoors for a while, we heard the sound of a gramophone from Knud's room where some of our fellows had gathered. We thought this was great as we hadn't heard music for a long time. We didn't notice evening advancing because we were so intent on listening to the gramophone; the one they (Rasmusson and the Danes) had brought along with them had been ruined aboard the "Bele."[6]

As soon as the search party arrived, they had told us to get ourselves ready, for the two scientists[7] had to be taken to Repulse Bay. Aqqioq and I were to go along with them. We prepared to leave very quickly because the prospect of meeting people was really exciting for us.

At last we set off on December 15th; we would get back to Danske Ø on the 24th. Our destination lay 180 kilometers away. That day our joy was boundless; the weather was beautiful and calm; and a bright full moon illuminated our journey when evening came, bringing to mind the verse[8]:

The full moon, beautiful to behold
moves slowly across the cloudless sky.
It shines most wonderfully
on the ice formed by the encroaching cold.
See how a multitude of stars
surround it, enhancing its beauty;
they get me to look upwards—
Come then, eyes, feast upon them.

The scientists really enjoyed the journey too because they could travel by sledge. Every time I looked back, I would see one of them jumping up and down over the traces. It was easy for him because he was so nimble; we heavy guys were envious. At one point on the journey, however, he became rather sick. We took the white men's dogs ourselves and loaded the men and their baggage onto the sledges. Because this was the first time they had driven sledges, they weren't very skilled. We were grateful when

Piitali peqataanngilaq umiarsuaaqqap naalagaa Mattormiittoq oqaloqatigiartorsimagamiuk. Isersimalersugut Kunuutip inaanut ilavut isersimatsiartut taqqama oqaluttartoq appippallappoq. Sualoqaaq qiimmaallakkatta sivisuumimmi nipilersuummik tusarsimannqinnatta. Unnugiarlu misiginngilarput oqaluttartorpalaaq tusarnaagaralugu, tassami oqaluttartoq nassataraluat 'Bele'-p asiutissimammagu.

Ilatta tikinniariaramik piareersaqqulerpaatigut ilisimatuut marluk Repulse Baymut aanneqassammata. Aqqiup uangalu ilagisussaavavut. Pikipallariarluta aallarsinnaanngorpugut inunnimmi takunissaq qilanaarnaqimmat.

Kiisa aallaqisugut Decemberip 15-anni uteriarlutalu Danske Ø-mut Decemberip 24-anni. Ornigassarput 180 km. ungasissuseqarpoq, ullorlu taanna nuannaarnerput asseqanngilaq, pimmigamiluunniit silarsuaq alianaannermit qatsunganermit, unnukkamilu qaammat imissisimalluni qaamaqisoq qaammaqqutigalugu ingerlalerpugut taallat uku eqqaanarsilluaqalutik:

qaammat imissisoq takoranneq,
imma ingerlavoq allaaqqikkut.
Qillersusersua takoranneq
issilerlaap sikutitaasigut.
Aarimmi ulloriarpaat taanna
pinnarsoraat unngutaarlugu;
tappavunga qiviarsarpaannga
qaami, isikka, isiginnaakkit.

Ingerlanerput ilagisatta nuannarilluarpaat namminneq aamma qimusseramik. Kingumut qiviaraangama takusaannarpara ilisimatuup aappaa pituuttat qulaallugit pisseqattaartoqusornaraluarli oqitsoq oqimaatsupalutsinni tusunaraluaq. Aqqutittali ilaani peqqiilliukululeraluarpoq, taamaammat qallunaartatta qimmii tiguavut usii inuttaallu usiliullugit qimussileqqaajugamik pillaqqippallaanngimmata.

we caught sight of sledge tracks; this did wonders for the ailing man's health and he began jumping about once again like a deer.

At last we approached our destination. Rounding a little promontory, we caught sight of a big house; and before long, as we pulled our sledges up, we were welcomed by the white man's helpers whom we had been so eager to meet. At once we started to stare at the beautiful, but to us strange-looking, warm clothes made of reindeer skin and at the long-haired people wearing them. When they spoke, their voices sounded as if they came from the vicinity of Maniitsoq[9]. The people were very friendly; but, since they spoke rapidly and used somewhat unfamiliar words and this was the first time we had heard them speak, it was a little hard to grasp what they said. Nevertheless, once the conversation developed, it became quite easy for us as Greenlanders to understand them.

We were given a warm welcome by the white man, Mr. Cleveland, and we were shown to our rooms in the big warm house. We spent the next day there enjoying the company, and we let our dogs rest a bit before the homeward journey. The scientists were to stay on at the white man's place until they could start their travels. We, however, were to go back so that we would be in our own house before Christmas.

While we were there at Naujaat, some Itivleriarmiut[10] came to trade: the shaman Aava[11] and his wife Orulu who were staying with his brother Ivalivarjuk. When they arrived, I looked forward to the trading because I wanted to see how it would be conducted. Well, toward evening they came in carrying a sackcloth bag filled with foxes. As they came in, the big white man asked them how many foxes they had. Since they didn't know, he counted them himself and told them how many there were. At last the bartering began. *"Namik, namik?"*[12] the white man simply repeated. They would point to the merchandise they wanted, and taking it, would say, *"Qujannamik, alianai!"*[13] Before they had collected in goods the equivalent value of the foxes they were selling, the trader said, *"Tagva quit nunguttualuit,"*[14] and that was the end of the deal.

Aqqutittali ilaani qamutit takuleratsigik qujanaqaaq iluaalliortup nakorsaatigimmagit kingumullu oqinninnguatut pissittalerluni.

Aarimmi ornigarput tikileqaarput. Nuunnguaq uiaratsigu illorsuaq takulerparput, ingerlatsiarlutalu majorallakkatta takujumaqisatsinnit inunnit qallunaartarsuata kiffaanit niuffiorneqarpugut. Erngerluta atisaat tuttut amii allagisavut kusanaqisut oqorunaqisullu qimerluulerpavut inuttaallu nujartoqisut qungujulaartuinnaat, oqariaraangamillu nipaat Maniitsup eqqaamiuinut eqqaanarluarput. Inuit inussiarneqisut oqaasiili tusaqqaarlugit akulikikkamik ilaallu allaalaartaramik tusajarsunnaraluarput, oqaloqatigileraannili kalaaliulluni erngerlutik paasinarsilluartarput.

Qallunaarsuarmit Mr. Clevelandimit ilassineqarluarpugut, illorsuaanilu kialluartorsuarmi inisisimalerpugut. Aqaguani ulligallarpugut inuit alutoreqigatsigik qimmivullu qasuersersitsiarniaratsigik uteriarnissatsinnut. Ilavut tassani qallunaarsuarmi illusisimagallassapput angalalernissartik tikillugu. Uagulli uteriarniassaagut juullilu tikitsinnagu illorsuatsinniinniassalluta.

Tassani Naujaaniitilluta niuerianik tikittoqarpoq Itivleriarmiunik, tassa angakkoq Avva nulialu Orulu, qatanngumminilu Ivalivarjungmi illusivoq. Niueriat taakku tikimmata niuernissaat qilanaaraara takujumallugu qanoq niuerniartartut. Aarimmi unnulluariartoq niueriat iserput pooq simissiaq teriannianik imalik nassarlugu. Isermata qallunaartarsuata aperai terianniat qassiusoralugit. Qassiuneri nalummatigik namminersuaq kisipalaarsinnarlugit qassiuneri oqaatigai. Asumi niuilerput. "Namik, namik," qallunaarsuup kisiat nipigilerpaa. Piumasatik taagorpaat, puimasartik tigullugulu oqararaat: "Qujannamiik, alianai!" Terianniaarniutaannut pisiaat suli naapertuutinngeqisut niuertorsuat oqarpoq: "Tagva qiut nunguttualuit." Taamalu niuerneq inerpoq.

This white man had three wives, all with husbands already, and he let them take turns coming in to him. He also had several children from his third wife. It was amusing to us that, whenever he wanted any of our goods, he had to have three of the same thing. He had his meals in the house along with his helpers and his wives and children. The people there called him *"Sakkuartuerneq"* (the former harpooner) because he had at one time been a harpooner on a whaler when the English still came up there after whales, but has given this up "owing to advancing old age."[15] He had lived here amongst them for more than 30 years and spoke the local language pretty well, although not really fluently. It was a pleasure to visit him because he wasn't at all "high-falutin" and, although he was pretty old, he was lots of fun.

---

1) *Akilinermiut* (those living on the far side) is the way Greenlanders refer to Canadian Inuit; in turn the Canadians refer to them as *Akukitsormiut* (those with the short parka tails), first applied to the Polar Eskimos whose parka tails are indeed considerably shorter than those of the Canadians.

2) Danske Ø (Danish Island), the headquarters of the 5th Thule Expedition, is a small island adjacent to larger Vansittart Island, which must be traversed on the way to the mainland of Melville Peninsula.

3) Respectively Knud Rasmussen, Peter Freuchen and the Polar Eskimo Nasaitsorluarsuk, whose nickname was "Boorsimaat" (= Danish *bådsman*, "boatswain").

4) *Aivilingmiut* pronunciation of *sullu*, a stretch of water between an island and the mainland—here presumably Hurd Channel.

5) Rasmussen and his group, whose path they had just missed crossing, had in other words already returned to Danske Ø ahead of them.

6) The supply ship that ran aground near Upernavik with equipment for the expedition before it even left Greenland.

Taanna qallunaarsuaq uilinnik pingasunik nuliaqarpoq, nulianilu sinnerseraallugit imminiitittarpai. Aammami arlalinnik qitornaqarpoq nuliami pingajuannit. Quianavissarporlu sumik piumasaqaraangami pigisatsinnik kisianni assigiinnik pingasunik piumasarmat. Inuit kiffani nulianilu meeqqanilu imminermini nereqatigisarpai. Tasamanimiut taasarpaat "Sakkuartuernermik" tassa qanga tuluit arfanniartarallarmata arfannianut siuttuusarsimagaluarluni maanna siuttuujunnaarsimammat—"ajuarsiilermat." Ukiut 30 sinnerlugit tasamani inunniissimavoq tasamanimiutullu oqallorikuluppoq itikkattumilli. Tikillugu nuanneqaaq inniminanngilluartorsuugami, utoqqakullassuanngoraluarlunilu qiimaqaaq.

---

7) Kaj Birket-Smith, the anthropologist, and Therkel Mathiassen, the archeologist.

8) A hymn from the Greenlandic hymnal by Jonathan Petersen.

9) i.e., Sukkertoppen in central West Greenland.

10) From Point Elizabeth, a little futher north of Repulse Bay along the Fox Basin coast.

11) Spelled by Olsen, following Rasmussen, "Aua."

12) "What, what (do you want)?"—in Greenlandic, *"sumik, sumik?"*

13) "Thank you, great!" Note that *alianaq* in some forms of Canadian Inuktitut means the opposite of its meaning in Greenlandic, i.e., "how pleasant" rather than "how sad."

14) "There, the money's all used up"—in West Greenlandic *"tassa, aningaasat nungukasipput."*

15) A rather obscure expression cited from a Greenlandic song (no. 55 in the standard songbook), which concerns an old whaler. It probably means "expecting to deteriorate (with ailments of old age)."

Taseralik
Part 2, Chapter 5

Otto Rosing

This extract is from *Taseralik*, written in 1955 by Otto Rosing
who was a priest and also well known as an artist. The book
is one of a number of realistic novels of that time treating
specific periods in the country's past. It is set in the mid-
nineteenth century at a famous summer meeting place or *aasivik*
on the coast halfway between Nuuk and Disko Bay in the north.
Greenlanders from the south and north would regularly gather
here in the summer to trade and exchange stories and
information, dance and compete at sports, and generally have a
good time. In recent years, this old custom has been revived in a
more political guise by young Greenlanders concerned with their
culture and past. The language is that of a careful observer with
a sense for historical detail. In this excerpt we follow the
development of a romantic attachment between two young
people, one whose family has come from the south and the other
from the north, and who are soon to depart again in their
different directions. The book ends with a happy solution to the
young couple's dilemma.

After they had been there for a while, the people arranged the usual dance, and Mikaalli joined them. The fiddler was full of enthusiasm and the dancers were in high spirits. A number of girls were returning to their places at the south of the dancing area, facing into the sun.

Amongst the girls Mikaalli saw Maaliannguaq and his heart began to pound. She seemed to give form to the figure he had seen in his vision on the outermost island,[1] and an indescribable feeling began to fill him. After staring at her for a moment, he looked away—it was as if his eyes were seeing a dream. He was carried away by his thoughts as if he were dreaming. However, when the dancers moved out onto the dancing area, he seemed to wake up and he began to hear the sound of the fiddle for the first time. But he was not able to join in the dancing himself; it was as if his knees had lost their strength.

When he looked across to the other side, he saw a lad, who must have been one of the northerners, going to take Maaliannguaq (although Mikaalli had not heard her name yet) out onto the dancing area. He was surprised that she didn't want to go. When she still refused even though the lad kept tugging at her, he shouted something at her angrily and then simply took someone else out onto the dancing area. When another youth asked her to dance, she was perfectly willing; and when they began to dance, Mikaalli seemed enchanted with her charm and grace.

Mikaalli left the dancers; and, as there was no one around at the look-out place, he climbed up there, as it was his custom to seek solitude whenever he had thoughts he considered important. He looked down toward the dancers below him and decided he would try to get to know Maaliannguaq. Having made up his mind, he went down to the dancers, feeling in a better mood. When he reached them, he didn't stop but mixed right in with the others on the dancing area. After several dances he at last got Maaliannguaq as his partner; when he took her by the hands, he felt so happy—it was as if the whole world were passing through him. Starting from that evening he had her as his constant dancing partner, his shyness toward her gradually diminishing.

Tassaniitsiaannarlutik aasiit qittatilillarmata Mikaallip ornippai.
Agiartuat pikkusoqaaq, qitittullu qiimaqalutik. Niviarsiarpassuit
tulattarput qitiffiup kujataatungaanut seqinersuaq saallugu.

Nivissat akornanni Mikaallip Maaliannguaq takulerpaa
annilaarnermillu uummataa tilleruluppoq. Taanna qeqertami
avallermi takorruukkani inuttarsilerpaa oqaatiginerlu
nalunartumik qamuuna misigisaqalerpoq, nakkutitsiaannarlugu
alarpaa—soorlu isiniluunniit sanaroorsugalugit. Isumaata
aallaruppaa sinnattortutut ilersillugu. Qitittulli avalakaammata
itertutut ilerpoq, agissallu nipaa aatsaat tusaalerlugu. Avalannerli
saperpoq. Soorlumi seeqqui nukeqarluanngitsut.

Akimut qiviarami takulerpaa nukappissap
Avannaamiuugunartup Maaliannguaq (massa suli Mikaallip
atersisimanngikkaaluunniit) avalaakkiartoraa. Tupigutsapporli
Maaliannguaq pinaammat. Nukappissap nutsuusaaraluaramiuk
piumanngiinnarmat taaka qanoq oqarfigigunarlugu
kamaammerunarluni allamik avalaassiinnarpoq. Inuusuttup allap
avalaannialermani Maaliannguaq piuminarluinnaqaaq,
qitilermallu inuuserinnera nakernaqqinnaarneralu Mikaallip
soorlu iioraannaraa.

Mikaallip qitittut qimappai, nasiffillu inoqanngimmat
tappavunga majuarpoq. Tassami ileqqoraa pingaartitaminik
eqqarsaateqaangami kisimiikkumasarluni. Atimini qitittorsuit
isigai—aalajangerporlu Maaliannguaq ilisariniarumallugu.
Isummani iluarsaatereeramiuk qiimmaallalluni qitittunut aterpoq,
tikikkamigit ingerlaasaannarluni avalappoq qitittorpassuarnullu
akulerulluni. Taama arlaleriarluni qitereerami kiisami
Maaliannguaq avalaakkiartorpaa. Assannguisigullu tigugamiuk
pilluaammineq misigaa soorlu suup tamarmi aqqutigigaani.
Unnullu taanna aallarniutigalugu qiteqatigisaannalerpaa,
ittooriunnaariartulerlugulu. Taannali nukappiaq

However, he began to notice that the lad whose name he didn't know was giving him dark looks; it was clear the fellow didn't like him.

Once Mikaalli walked to the North Point with one of his companions to look at the northerners' boats. When they came up to the tent after examining the kayaks, their leader Looriinnguaq came out. Although they were strangers to him, he addressed them: "Where do you hail from?" Mikaali said he was from Nuuk, and his companion said that he was from Uummannaq.

He (Looriinnguaq) asked them in a friendly manner to come in. Upon entering Mikaalli received a shock: Maaliannguaq was sitting cross-legged up behind the lamp, embroidering. When she saw them come in, Maaliannguaq blushed aned bowed her head in concentration over her embroidery.

Mikaalli explained that he and his family were situated at Tinussaraaq while they were there.[2] He said if they wished they should come to see the people from Nuuk since his parents really wanted to see the northeners. Indeed they had come here in order to meet people from the north.

Looriinnguaq agreed, glad that the lad had spoken without hesitation; he could also see that he was a fine fellow, one who would soon be a good hunter.

As Mikaalli and his friend started toward home, they crossed quite close to Qulutaq, but he passed by without greeting them, a surly expression on his face. When meeting people, even those one didn't know, it was customary to greet them with a smile, so they thought him very odd—it seemed that he was angry. When they had left him behind, Mikaalli's companion spoke: "That fellow we just met is called Qulutaq; he's one of the Ilulissat people. Malarsuaq says that he follows Maaliannguaq around even though she doesn't like him. They say too that he has a bad temper."

atersisimanngisani malugisarpaa assut isikkorluttaraani,
nalunarani kusaginngikkaani.

Ilaanni Mikaalli allamik aappaqarluni avannamut Nuuanut
pisuloorpoq, Avannaamiut angallataannik takornarniarluni.
Qaannat qimerloorsinnarlugit tupeq tikileraat ittuat Looriinnguaq
anivoq. Takornaralualugit pilerpai: "Sumiuunerippammiukua?"
Mikaalli Nuummiuusumik unnerpoq, aappaali
Uummannarmiuusumik.

Inussiarneqaluni iseqquai. Mikaalliaasiit iseramik
quarsaatsiarpoq Maaliannguaq isersimalluni niuni paarlallugit
avittarpoq qulliup timaani. Isertut takullugillu Maaliannguaq
sinngortiallappoq, sikillunilu avittakkani
aalluttorujussuanngorpaa.

Tassaniillutik Mikaalli oqarpoq namminneq Tinussaraami
nunaqarlutik, piumagunik ilaanni Nuummiunik
takornarniaqqullugit, angajoqqaani Avannaamiunik
takorusuttorujussuit unnerlugit. Tassamigooq tamaannarput
Avannaamiunik naapitsiumallutik.

Looriinnguup akuersaarpaa, nuannaralugu una inuusuttorsuaq
kisinnani oqalummat, aammalu pissusiatigut malugaa
angussuusoq, piniartorsuanngulersorlu.

Mikaallikkut anigamik angerlamut aallarlutik Qulutaq
paarlappaat qanittunnguullugu, taannali ilassinani
mersernartumillu kiinaqarluni qaangiuppoq. Inuit nalusaraluatik
naapikkaangamikkik qungujulaarlutik ilassisarmata una
allageqaat—soorlu kamassimasoq. Qimakkamikku aapparisaata
Mikaalli oqarfigaa: "Taanna naapitarput ateqarpoq Qulutaq,
Iluliarmiunngooq-una ilaat; Malarsuumaasiit oqaatigaa
Maaliannguarooq-una malersoraa, uffalugooq nakerinngikkaani;
aamma oqaatigisarpaat isumaluttorooq-una."

The days passed quickly as usual, and the Nuuk people got acquainted with their fellow countrymen. They visited many tents and they received visits from others. Once when Looriinnguaq and his family visited the Nuuk people, Maaliannguaq came with them. When they came in, Piili's people were all very friendly, but Pilissiilla in particular fluttered about excitedly because she had begun to suspect already that Mikaalli was fond of Maalinnguaq. From what she had been able to coax now and then out of her good friend Malarsuaq, she had reason to hope that she might get a sister-in-law who would fit her preconceptions—she had taken a great liking to Mikaalli. He, however, was dissatisfied in his mind with the quality of Maaliannguaq's seal-skin trousers—he knew that his family still had some first-rate young speckled seal skins.

The men from Nuuk all had caught halibut that day, some of them several apiece. When they arrived back at camp, Piili spoke up: "When the last of our catch here is dried, perhaps we should start thinking about heading home; we have a long way to go. We probably have a sufficient load." Matisi agreed and said that it would be best to leave before the winds started to blow really hard from the fjords.

Only when the young lads heard them talking this way did they begin to realize how fast the days were passing. Mikaalli felt he needed to hurry since he still hadn't told Maaliannguaq that he wanted her, although without it having to be said they were close friends as good young people.

That evening the weather was exceptionally good, and naturally everyone at Taseralik was wide awake and in the best of spirits. There were people everywhere—around the tents, at the look-out places, on the beach—while many of the children were out practicing kayaking off from the beach. Up at the dancing area the dancers were having a great time, shouting all the while. Smoke rose straight up from the cooking places, and the land could be seen reflected beautifully in the sea.

Ullut ingerlalertorpunaasiit, Nuummiut nunaqassuatik sungiuppaat. Tuperpassuit angalaarfigisarpaat namminnerlu pulaartoqartarlutik. Ilaanni Looriinnguakkut Nuummiunut pulaaramik Maaliannguaq ilagaat. Isermata Piilikkormiut inussiarnisaaraluaqisut taanna Pilissiillartaat ingalluni isaruarpoq. Tassamiaasiit pasitsaatereersimavaa Mikaallip Maaliannguaq nuannarigaa. Kammalaassuani Malarsuaq ilaanni tusagassarsiorfigisaramiuk isummani eqqorlugu ukuartaarnissaminik neriulersimavoq—ingallunilu Mikaalli qujagilluinnalerpaa. Taannali Maaliannguup natsiit amiinik seeqqineqarnera naammaginngivippaa isummamigut—nalunagulu qasigiaqqanik pinnernersiukkanik arlalinnik suli peqarlutik.

—————————

Nuummiut angutitaat ullumi tamarmik nataarnartarsimapput ilaat arlalinnik. Tikissimalerlutik Piili pilerpoq: "Uku pisavut kingulliit panerpata immaqa angerlamut isumaniartariaqalissaagut ingerlavissarput sivisoqimmat. Usissavut naammalerunnarsipput." Matisip akuersaarpaa oqarlunilu kangerluit anisarnaartalernissaat sioqqunniarunikku ajunnginnerussasoq.

Taama oqaluttut nukappiartaasa tusaramikkit soorlu aatsaat ullut ingerlalertorsimanerat paasileraat. Mikaallilu isummamigut nukingitsappoq suli Maaliannguaq oqarfigisimannginnamiuk piumallugu, naak oqaaseqaratik inuusuttutut ajunngitsutut ikinngutigiikkaluarlutik.

Unnuk taanna silagissuartorsuuvoq asseqanngiusartumik, sooruna Taseralimmiut eqeersimaartarniarlutik aatsaat taama pequerput. Suna tamarmi inoqarpoq, toqqit eqqaat, nasiffiit tamarmik, sissaq—uffalu sissap avataani meeqqat qajartuartorpassuit. Paffa qitittarfissuarmi qittattut nuannaangaaramik avaalaartuinnaallutik. Igasut pujunngui qummorluinnaq ingerlapput, akianilu nunat immamut tarranissimapput qoqaarissiffaarillutik.

After staying a while at the look-out place, Mikaalli started to
walk toward the east—he wanted to be alone. He kept thinking
about Maalinnguaq, for he felt now he could, with the help of
the Lord, get her as his life's companion. In his thoughts he
began to feel gratitude toward Him for having looked after him
and having guided him forward up to the present. Following a
dale he came out onto a small meadow where he found
Maaliannguaq and almost stumbled into her. Maaliannguaq was
sobbing and crying. Hesitant at first to approach Mikaalli, she
then took several steps toward him, took his arm, leaned her
head forward against his shoulder and burst into tears; she
seemed to be grasping at her one hope of salvation, trying to
cling to him forever. In his surprise Mikaalli was unable to say a
word; he had no idea what he should ask her, but he felt terribly
sorry for her and suddenly realized that he was embracing her
tightly.

They sat down on a rock and Maaliannguaq tearfully told
Mikaalli what was burdening her heart. As she released her heavy
thoughts, she felt lighter inside and stopped crying. The two
young people, sitting there at the height of summer's splendor,
both felt in silence that they were experiencing a day of great
importance in their lives.

Only after his agitated feelings had calmed down could
Mikaalli speak. He told about his experience on the outermost
island—although of course he did not mention his prayer because
that was something between God and himself. When he had
finished, Maaliannguaq took his hand and squeezed it; and they
sat this way without speaking a word, their hearts in a union that
could only be broken by death.

Then they stood up, filled with great joy, and set off toward
the east hand in hand, Mikaalli accompanying Maaliannguaq on
her way home to the North Point.

Mikaalli nasiffimmiissinnarluni tamaanga kangimut pisuttualerpoq—kisimiikkumalerami. Eqqarsaammigut Maaliannguaq najorpaa paasilersugigamiuk ajugaqanngitsup ingerlatitsineratigut taanna inooqatigisussaallugu. Taama isummamigut qutsavigiumallerpaa manna tikillugu imminik paarsisimasoq ingerlatitsisorlu. Qooruusannguaq atoramiuk tamaanga narsartannguamut anillaatilerluni Maaliannguaq naapilerpaa tassa ajassutereerlugu. Maaliannguaq manittortuinnaalluni qiavoq Mikaallilu qissigitsiaannarlugu qassinnguanik allorami tikippaa taliagullu tigullugu tuianut palulluni pikkunavissumik qissaserpoq, soorlu suna annanniarfini iperartussaajunnaarlugu tigugaa attaviginiarlugu. Mikaalli pakasartingaarami oqaasissaqanngilarluunniit, aperissalluguluunniit isumassaqanngilaq; kisianni nalligiummersorujussuuaa, misigilerporlu eqillugu pakkusimallugu.

Ujarannguamut ingipput, tassanilu Maaliannguup qianngarmi uummammi ulikkaarutaanik Mikaalli oqaluttuuppaa. Eqqarsaatigisartakkani oqimaatsut Maaliannguup anisikkamigit qamuuna oqiliallaqaaq qiajunnaalerlunilu. Inuusuttut taakkua aasap alianaalleruttornerani maani issiasut, oqaaseqaratillu tamarmik immikkut misigissuseqarput inuunerminni ulloq pingaartorsuaq atorlugu.

Mikaallip misigissutsini aalaterneqangaartoq uneriimisutut immat aatsaat oqarsinnaanngorpoq. Qeqertami avallermi misigisani oqaluttuaraa—soorunami qinunini ilanngunnagu, taanna Guutip namminerlu akunnerminni pisimasuummat. Oqaatsini naagaalu Mikaallip assaa Maaliannguup tiguaa eqillugulu; taama oqaaseqaratik issiapput, uummataannilu ataasiussuseq pinngulerpoq toqukkut aatsaat avissaartinneqarsinnaasoq.

Tassannga nikuipput nuannaarnerujussuarmik immerneqarsimasutut, tasiorlutillu kangimut aallarput, Maaliannguaq avannamut Nuuanut angerlariartulersoq Mikaallip qaniniaramiuk.

After walking for a while, they came to a spring meadow and caught sight of Qulutaq a little way off, hurrying toward them. He looked really angry! As soon as Maaliannguaq saw him, she grabbed Mikaalli's arm as if seeking protection, a look of fear on her face. But Mikaalli remained calm, acting as one who has a clear conscience.

Coming directly up to them, Qulutaq began to berate Maaliannguaq: "Where've you been? I've been looking for you for ages!" Saying this, he grabbed Maaliannguaq by the arm and pulled her toward him, snarling "You wretched female." And turning to Mikaalli with a look of hatred, he added, "Let go of her, she's mine!"

Feeling that he must protect Maaliannguaq, Mikaalli grasped Qulutaq's arm carefully and tried to remove it from her arm, saying: "You know she doesn't like you; don't you feel pity for her trying to force her?" But it was in vain that he tried turning Qulutaq's anger back on him. "Get out of here, you bastard!" Qulutaq cried, as he released Maaliannguaq's arm and turned to attack Mikaalli.

Maaliannguaq ran off a short distance but stopped and turned to watch them. When Qulutaq grabbed him in a tight clench, Mikaalli realized that he was truly in earnest and tried to get him to stop, but he³ was completely frantic and kept on trying to throw him to the ground. Now the fighting really began!

Mikaalli didn't put up much of a struggle at first, trying simply to stay on his feet; but when his adversary grew more and more tenacious, he began to get angry with him. When Qulutaq nearly knocked him down, Mikaalli could tell that he was really putting all his strength into the fight. Mikaalli grew angrier! When the other persisted, he pushed him down the other way—Qulutaq's trouser flap showed a brown stain! Pressing him down from above, Mikaalli cried: "I can easily beat you. Stop fighting!" Qulutaq's face twitched and twisted with rage so Mikaalli let him get up. But as soon as he stood up, he attacked again, even more enraged. After a while, since he knew that the ground where they were fighting was not dangerously rough, Mikaalli threw him

Ingerlatsiarlutik narsaq nerumittuinnaq tikikkaallu Qulutaq qanittunnguakkut alakkarpoq tuavioqalunilu ornillugit. Aatsaat taama annunniaraluarpoq! Maaliannguup takuinnarlugu Mikaallip talia tiguaa soorlu qimarraviginiarlugu, annilaarsimarpaluttumik kiinaqalerluni; Mikaalli eqqissisimavoq ilerasuuteqanngitsup pissusia atorlugu.

Tikiinnarlugit Qulutap Maaliannguaq saapiloorpaa: "Sumiippinuna? Qangali ujalerpagit!" Taama oqarlunilu Maaliannguaq taliatigut tiguaa noqilerlugulu oqaatsini illugalugu: "Sunaana arnakasik,"—Mikaallilu uumiginnippalungaartumik qiviarlugu pilerpaa: "Iperarniaruk, uangaana!"

Mikaallip Maaliannguaq illersugassamisut misigigami Qulutaq taliatigut qajassuartunnguamik tiguaa peersinniarlugu oqarluni: "Nalunngilat nakerinngikkaatit, pinngitsaalissallugu nalliginngiliuk?" Soorluli Qulutaq asuli kamassaanik tunillugu. "Unaruusarsuaq, peerit!" Taama oqarlunilu Maaliannguaq iperaannarlugu Mikaalli saassuppaa paanialerlugulu.

Maaliannguup qimatsiarluni saallugit unippoq isiginnaalerlugillu. Uuma tigulluartitermani Mikaallip paasivaa pimoorunnialeraani, oqarfigigaluarpaalu taamaalioqqunagu, kisianni Qulutaq puuilluni puuppoq, tassalu naloriuteriaraluartalerlugu. Tassani paalerput!

Mikaallip akiorniarpiarnagu orlunaveersaaginnarallarpoq, unalu paannittoq sukakkiartuaartoq arriitsumik puffaakkiartorlugu. Ilaanni orlutingajakkaani malugaa tamaviaarnialersoq—Mikaalli kissaammerpoq! Una piniinnalermat tassunga killormut naloriuteqaa—qangali Qulutap ippassua kajuallak! Tassunga narnullugu qulaanit pilerpaa: "Artoqqajanngilakkit, paannikkunnaarniarit!" Qulutap kiinaa kamannermit eqisarujuttuinnanngortoq iperarpaa. Aatsaat nikuikkaluaannaq qangali tigoreerpaa suli puunnerulluni. Manna paggavik annerfissaqanngitsoq Mikaallip nalunnginnamiuk pitsiaannarlutik miloriuppaa. Tassani makiterami Mikaallip tungaanut alloqattaraluarluni unippoq anertikkarnermillu

down. He got up and took a few steps toward Mikaalli, but then
he stopped and gasped out between his clenched teeth:
"Bastard..." and then flew at him again. Qulutaq's rage gave
him power and Mikaalli could feel that clumsy strength. Several
times he threw him down, and each time he landed softly!
Mikaalli began to breathe heavily, and the next time he threw
him down less gently! For a long time he didn't get up. Turning
his back on him, Mikaalli went over to Maaliannguaq and took
her by the hand. "Go home now. I'll come part of the way with
you."

For a while they would turn back to look at Qulutaq; then he
disappeared, taking a different path from theirs. Maaliannguaq's
mind was now at ease, for she felt that she had found her destiny
in life and had seen her tormentor beaten. She was proud of
Mikaalli's manliness and strength. The love that she had felt that
first time they danced together was now like a blooming flower,
and she seemed to know that He "who is love" was tending it.

When they approached her family's tent, Maaliannquag took
him by the arm, looked up at him and spoke pleadingly: "You'll
come into our tent with me, won't you?" Mikaalli hesitated but
then acquiesced because it occurred to him that it would be best
to get everything settled at once.

Together they entered the tent of Looriinnguaq and his family
and found everyone wide awake. Maaliannguaq blushed deeply,
gave her mother a pat, and then sat up on the sleeping platform.
Her mother saw immediately that she was filled with some strong
emotion. Looriinnguaq received the young man in a friendly
fashion when he came in, while his wife busied herself laying
things out to make the visitor comfortable. Neither of them
spoke a word concerning the young couple.

When Mikaalli, after staying for some time as their guest,
thanked them, lifted the tent flap and left, Maaliannguaq
followed him, tugging at his anorak to stop him. With a
disarming smile she spoke to him softly: "Tomorrow I shall visit
you." Mikaalli smiled and nodded his assent and then he went

sapingajalluni kigutini kimmerpaluttorujussuullugit oqarpoq:
"Unapalaars...!" —tassalu tinngivigalugu. Qulutaq kamannermit
pissatsippoq Mikaallillu malugaa nakuakullakasiusoq.
Arlaleriarluni naloriuteriartaraluarpaa—ila tulluarluni tuttaraaq!
Mikaalli anertikkalerpoq,tassanilu peqqaakkunnaarlugu naloqaa!
Imunga nikuinngilaq! Tunukkamiuk Maaliannguaq ornippaa
assaatigullu tigullugu oqarpoq: "Angerlarniarit, qanissavakkit."

Ingerlammersorlutik Qulutaq qiviarpaat, taavaana ingerlavitsik
paarlallugu tarrilersoq. Maaliannguup isumaa assut tuallappoq
misigigami inuunermini tulaavissaminik nassaarluni, takuaami
malersortini ajugaaffigineqartoq. Isummamigut
tulluusimaarutigaa Mikaallip anguterpalussusia nakuussusialu.
Taamanilu qiteqatigeqqaarmani asanninneq misigisaa maanna
naasutut sikkersutut ippoq, paasisorilerpaalu taassuma
"asassutaasup" tamanna suliarigaa.

Tupertik pallillugu Maaliannguup taliatigut tigullugu qiviarpaa
oqarlunilu soorlu qinorpalulluni: "Tupitsinnut
iseqatigissavarma—ilaa?" Mikaallip nangaagaluarluni akueraa
isumassaata imaattup tikikkamiuk: ernerlugu naammassigaanni
ajunnginnerussammat.

Looriinnguakkut eqeeruttortut tikippaat, attarmillu iserput.
Maaliannguaq sinngoruloqaaq, anaananilu attorlugu illermut
ingippoq, arnaatalu ernerluni malugaa angisuumik
misigisaqarsimasoq. Looriinnguup una nukappiarsuaq isertoq
inussiarneqaluni sammilerpaa ningiuallu pisatsilerpoq pulaartortik
suallanniarlugu. Arlaannaalluunniit inuusuttut taakkua pillugit
oqaaseqanngilaq.

Mikaalli pulaammersorluni qujariarluni umik ammarlugu
anisoq Maaliannguup malippaa annoraatigullu tigoriarlugu
unissarpaa akiugassaanngitsumillu qungujulluni
nipikitsunnguamik oqarfigaa: "Aqagu pulaarumaarpassi."
Mikaallip qungujulluni niaquinnarminik angerpaa—kimmullu

off toward the west. He went right past the dancers and continued on to his family's tent where his mother was alone inside. After sitting there for a long time, he smiled and said quietly, without looking up at his mother: "Give Maaliannguaq one of our speckled seal skins!" That was all he said.

Since his mother already knew Maaliannguaq, she agreed to her son's request and said contentedly: "She can fetch it tomorrow after it's been treated and is ready to cut to shape."

The next day Mikaalli for once really did not want to go off anywhere. It was late when he got up and then he sat down on the chest in a relaxed mood. After a while, Malarsuaq came in looking as if he'd just awakened after too little sleep and hadn't had anything to eat. From staying up all night his eyes were puffy. After sitting there for a while, he at length spoke up: "Early this morning Qulutaq went off into the interior with two companions; they say they are going for caribou around Tiggak. I heard his companions say they thought Qulutaq was acting strangely—they were wondering what had happened to him." Mikaalli just smiled and said nothing.

Suffia went out where she found Pilissiilla looking around for something to do; she smiled and said to her in a low voice: "Your favorite⁴ has asked that Maaliannguaq be given a speckled seal skin; go and pick out for her the most beautiful one!" Pilissiilla tucked her chin back behind her anorak flap and bit her lip, experiencing a mixture of surprise and great happiness; sensing the solemnity of the occasion, she refrained from jumping with joy. When Suffia continued to look at her, she smiled and said: "Just as I thought!" Without another word she went off toward the boat and began treating the skins at once.

Pilissiilla forgot all about her other tasks and set to work immediately on the most beautiful of the speckled seal skins. She ordered the girls who rowed the umiaq to get on with their work for today she would touch no other work herself.

aallarluni. Qitittorsuit aqqutigiinnarlugit ingerlaannarluni imminnut iserpoq, anaanani kisimiittoq. Tassani issiammersutsiarluni anaanani qiviarnagulu qungujoriarluni nipikitsumik oqaqoq: "Maaliannguaq qasigiaqqamik tuniniaruk!"—allamillu oqarani.

Arnaata Maaliannguaq ilisarereersimagamiuk erni akuersaarpaa tulluusimaarpalullunilu oqarpoq: "Aqagu passuteqqaarlugu ilisseriaannanngorlugu tigujumaarpaa."

Kiisami Mikaalli ullumi aallarusunngivippoq, ullororaa makikkami eqqissiffaarilluni illerfimmut ingippoq. Taamaatsiartoq Malarsuaq iserpoq iterianngusuinnaalluni, qarnilu sumik attorsimagunarnagu. Pigaartarnermit isai pullapajupput. Tassani isersimatsiaannarluni asuuna oqarsinnarmioq: "Ullaassaq Qulutaq marlunnik ilalerluni ilummut aallarpoq, oqaatigaat Tiggakkunngooq aavarniartut.Ilai oqaluttut tusaavakka Qulutaq allagalugu—susimanerporooq." Mikaalli nilleranilu qungujuumiinnarpoq.

Suffia anivoq Pilissiillalu pisassarsiortorujussuaq orneriarlugu qungujulaarluni nipikitsunnguamik pilerpaa: "Qujagisannguarpit Maaliannguaq qasigissamik tuneqqummagu pinnernersiuukkallaak!" Pilissiillap manuminut pulalluni qarluni kiivaa, tupigutsanneq nuannaajallannerujussuarmik ilalik atulerpaa, pingaartorsiungaaramilu qutsasernissakasik sumiippa.[5] Suffiap nakkutiinnaleraani qungujoriarluni pilerpoq: "Taannaqami!"—allamillu oqarnani umiap tungaanut aallarpoq, ernerlunilu ammit passutilerlugit.

Pilissiillap suliassani allat tamaasa sussakkeerpai qasigiararlu pinneqqisiitsoq erniinnaq suliarilerlugu. Nivissat anguartitik suliassaannik naalakkerpai—ullumikkummi suliassamik allamik attuiniannginnami.

1) A vision he had had, while staring into the low sun, of a beautiful girl; he had gone off to the island, full of vague yearnings, to be alone.

2) i.e., at the "*aasivik*".

3) i.e., Qulutaq.

4) i.e., Suffia's son, Mikaalli.

5) Literally "where was her expected dancing for joy?"

Pukkitsulik

as told by Jua of Kangeq

This story goes further back in time to before the coming of
the missionaries, to the seventeeth century and the heyday of
European whaling in the Davis Strait. It was among the legends
collected by Knud Rasmussen and published in Kristoffer Lynge's
Kalaallit oqaluttuaat oqalualaavilu, and thus represents a bridge
back to the era before the emergence of written Greenlandic. This
is clearly reflected in its language although it has undoubtedly
been somewhat trimmed by editorial hands, like most printed
versions of traditional Greenlandic oral narrative. The frequency
of "strengthening" narrative suffixes and the preponderance of
coordinated rather than subordinated clauses is typical of this
traditon. The story of the enterprising but naive Pukkitsulik's
encounter with the coarse whalers has the flavor of genuine
Greenlandic humor.

The story is told of a great and still renowned hunter who was called Pukkitsulik[1] because he became rich through contact with white men. This was at a time before the Danes settled in this land.

One day he set off in anger in his kayak toward the north. Following the coast, he rounded a headland. Although it had snowed recently, he saw a great many fox tracks on the land. He thought, "These are animals one catches in traps." Since he was in a bad temper and needed an outlet for his dark thoughts, he went on land and built a trap of stones. After he built the trap, he headed home and killed two saddle-back seals on his way back.

Some time later he went to look at the trap, full of excitement, because he had never used such a thing before. When he came near it and went up on land, he saw that the stone above the entrance had fallen into place. He looked into the trap, and there were two shiny big eyes looking out. So that was how a fox looked at close quarters! But how should he get it out? He didn't dare grab hold of it. He went around to the other side of the trap and looked in again: eh, eh, haha, haha, there was another fox glaring out at him!

Pukkitsulik was so happy he slapped his thighs and ran to his kayak. He would simply harpoon the animals in the trap. Taking his lance, he went up again and thrust it in through the entrance, spearing the wretched fox through the heart. He carefully let the entrance stone fall back into place and went around to the other end and looked in, but there was nothing there. What a fool he was! Naturally there had been only one fox; it had turned around inside to face him when he'd gone around to the other end. He had thought there were two foxes.

He pulled the lovely blue fox out and held it up by the tail. For a long time he looked at it because this was the first time he'd seen such a creature. Then he took it home with him. As Pukkitsulik was not married, his mother prepared his skins. She now told him:

Piniartorsuarooq suli tusaamasaagallarpoq, Pukkitsulimminngooq taasarpaat, qallunnillunigooq pequtitaarujussuarsimammat, taamanigooq tassa suli qallunaat tamaani nunasisimanngikkallarmata.

Ilaannigooq-aasiit puffassimaarluni qajartorluni avannamut aallarpoq. Nunanngooq sineramigit nuunnguaq uiarpaa. Uffagooq nuna apeqqammersimasoq terianniat tumerpassui takulerpai. Isumaliulerpoq: tamassamaa uumasunnguit pullatinik pisarisagaat. Kamassimaarluniluaasiit isumarsuani akiorumalleramigit niulluni ujarapilussuarnik pullasiuinnaqaaq. Pullasiorsinnarluni angerlarpoq, aqqutaaniluaasiit marlunnik aataarluni.

Kingunitsiaagut pullatini takusarpaa pilerisuffaarilluni, taamaattukasimminngooq siornatigut pigisaqarsimannginnami. Tikikkamiuk, niugami aarimmi miligaa nakkarsimasoq. Pullanni itsuaramiuk isersuinuku qillarikkamik. Sunaaffagooq terianniaq qanillugu taamaappoq. Qanormitaava piniassava, tigunerlu ersigilerlugu. Pullatikasini kaajallariarlugu itsuaqqeriallaramiuk: eeh, eeh, hahaa, hahaa, aammaana tassa terianniakasiup isikkorlorulukkaani.

Pukkitsuligooq usorsingaarami quttoqqani pattalaaginnarpai. Qaannaminullu arpaannaq. Uumasukasiit taakku naalillarlugit kisianni. Anguikki tigusinnarlugu majuarami taqqamungaannarsuaq uumaterorluinnarlugu terianniakassak anguigartorpaa. Piuaqqissaarluni miligaa nakkartissinnarlugu illuatungaatigut itsuaqqeriaraluarluni taqqama peqaraluanngilaq. Sianiitsorpallakkallarpoq. Sunaaffagooq-una terianniaq ataasiinnakasik pullat kaajallariarmagu aamma iluani kaajallalluni isigerulussimagaa. Tassagooq marluutitai.

Qernertatsiarsuarooq amugamiuk pamiuatigunngooq tigullugu tassa imunga isigaa, aatsaanngooq taamaattumik takulluni. Tassannga angerlaappaa. Pukkitsuligooq nuliitsuummat arnaata ammit passuttarpai. Ilaanni arnaata pilerpaa:

"They say that the land up in the north is visited by big ships. Those white men are just crazy about blue foxes."

Pukkitsulik just grunted, as if indifferent[2], but he didn't forget his mother's words because he had long had a hankering for a white man's gun. The winter was over and now summer was approaching when the people would begin to go off on long hunting trips so Pukkitsulik made himself an umiaq.

There lived in the same settlement a champion hunter who had a beautiful daughter. Pukkitsulik would stare at her plump breasts and thighs but had been unable to speak up[3] because he knew that her father would never give her away and apparently the girl didn't want to get married. Many fine hunters, champions amongst them, had come from afar to court her; but when they presented their case, the girl herself would take them by the shoulders and fling them out of the entrance passage. It was for this reason that Pukkitsulik had been reluctant to express his desires.

Now summer was upon them and the people began to travel long distances up and down the coast just at the time Pukkitsulik finished building his umiaq. One day he began stroking the long fur of that blue fox pelt of his and said to his mother:

"Were you telling the truth when you spoke of the big ships and the white men?" He spoke casually, as if he had had nothing else on his mind all the time he had been working on the umiaq.

His mother replied, "Yes, indeed; many people have gotten great riches from the white men."

That evening Pukkitsulik made ready for the journey. The next morning he was up before anyone else and paced up and down between the houses as if struggling with his thoughts. When the hunters woke, they set off; and when the champion hunter left, Pukkitsulik lowered his umiaq into the water. He asked his

"Tassagooq avani nunarsuit aasakkut umiarsuit
aqqutigisartorsuuvaat. Aatsaanngooq tassa qallunaarsuit
teriannianik qernertanik pilerigisalissuit."

Pukkitsuligooq nillitsiaannarpoq soorlugooq pineqanngitsoq,
kisiannigooq arnami oqaasii sunaaffa puiuikkiutivillarlugit,
tassalimigooq qangarsuarli pilerisuutigivissortarsimagamiuk
qallunaat aallaassuinik peqarumaqaluarluni. Ukiuullarami
aasariartortorsuanngorpoq, inuillugooq tassa
aallaartartorsuanngormata Pukkitsulik umissiorpoq.

Nunaqqatigalugugooq piniartorsuaq nakuarsuaq
pinniffaarimmik panilik. Pukkitsullinngooq iviangersui uppassuilu
isigisaraluarlugit oqarneq ajuliinnarsimavoq nalunnginnamiuk
angussuata tunniukkumasanngikkaa, tassalumigooq arnaq
uinikkumanngimmat. Piniartorsuinngooq ilaatigut nakuartalissuit
ungasissorsuarmit aggerlutik piumajartortarsimagaluaraat
oqarniariartullugooq arnarsuup taassuma tuiisigut tigullugit
paamut miloriuttarsimavai. Taamaammanngooq Pukkitsullip
oqaasissani artuliinnarsimalerpai.

Tassalugooq-aasiit aasallartorlu inuit ungasissorsuarmut nuna
sinerlugu aallaartartorsuanngorput, Pukkitsuliullu umiani
inillarlugu. Ilaannigooq-aasiit qernertaqussuani tamanna
meqqorsuisigut pattalaartariannguarlugu oqaqaaq:

"Tassaana sallunngilatit umiarsuillu qallunaarsuillu
oqaluuserillarakkit." Arriitsunnguamik oqalulerpoq soorlugooq
taamanersuarli umissiulerami taanna kisiat
isumaliutigisimanngikkaa.⁴

Arnaata akivaa: "Tassami inuit amerlasoorsuit qallunaarsuarnit
pequtitaartoruluttartorsuusimapput."

Unnugooq tamanna Pukkitsulik pikiinnaleqaaq. Aqaguani suli
itertoqarianngitsoq illut akornanni pisorataartuannguarpoq,
soorluligooq-una isumarsui imminnut paasorsuit. Piniartut
iterallaramik aallaqaat. Nakuartarsuanngooq aamma aallallarmat
Pukkitsuliup umiani singikkamiuk arni ipuseqquaa. Aquutaagooq

mother to take an oar; and after attaching the rudder, he put out another oar, at which his mother enquired:

"What are you doing? I'm the only rower you have."

Without answering, her son went up on land and went into the champion's house. Then his mother realized what he intended and began to tremble all over. A moment later he emerged with the champion's daughter clamped under his arm like a bundle of rolled-up skins; she was screaming as he carried her. He dumped her on the bottom of the boat, told his mother to start rowing, and pushed off from the shore. The champion's daughter lay and wailed in the bottom of the boat. When they got out to sea, Pukkitsulik had had enough of her wailing and said to her:

"Start rowing! You'll come home again, don't worry."

When he said this, her tears dried up and she took the oar and started to row. They rowed the whole day long; and when they came to a place with many people, they set up camp. When the people came down to the boat, Pukkitsulik observed the women carefully, picking out in his mind the one with the largest breasts and thighs.

Having slept the night, he woke at dawn. Knowing the champion would pursue them, his mother kept going out to keep watch. At one point she came in and said, "The strong man is in sight."

Her son seemed unconcerned; only when his mother came in again and said that the strong man was about to land did he get up. He put on the little gut kayak-jacket he had worn since he was a child and went out of the house. Once outside, he went down to the shore, turned his back to the sea, and threw himself down. When the champion saw this, he fitted the tip onto his harpoon and threw it, aiming between Pukkitsulik's shoulderblades. The harpoon struck home but fell back again, breaking apart.[5]

ivertissinnarlugu aamma allamik ipusillarmat arnaata kiisa
aperaa:

"Sulillarpinuna, uanga kisima anguartissaraarma."

Ernikasimmi akillannguarnani nunamut pissilluni nakuarsuup
illuanut iseriartukasillarmat suna siunertarigaa tassa arnaata
nalujunnaarpaa, tassalu tamarmi sajuttorsuanngorluni.
Mulutsiaannarlunigooq aneriaqaaq nakuarsuup panissua
unermittorsuullugu, soorluligooq-una amminik imusanik
unermittoq, unermigaalugooq nilliasorsuulluni. Umianngooq
naqqanut iligamiuk arni ippuseqquaa nunalu toorlugu.
Nakuarsuunngooq pania umiap naqqani kappialaartoq
avalallutillu Pukkitsuliup naammagileramiuk oqarfigeqaa:

"Ipunniarit angerlassaqqaarputit!"

Taamalugooq oqartoq qullissaarukkallarluni ipunni tigugamiuk
ippusiinnaqaaq. Ullorooq naallugu ingerlagamik inuppassuit
tikikkamikkik tuperfigaat. Inuinngooq aterfiullarmata
Pukkitsullinngooq arnat sissueriaramigit iviangeqarnersiorlugit
uppateqarnersioriarlugilluaasiit isumamigut aalajangiuppaa.

Tassani sinikkami qaammat iterpoq. Arnaatagooq
nalunnginnamiuk nakuarsuup malillassagaatik
alaatsinaakkiartorluni anisaannalerpoq. Ilaanni iserami oqarpoq:
"Nakuarsuaq erseqaaq!"

Ernikasiagooq soorlu pineqanngitsoq; kisiannigooq arni
oqaqqimmat tassa nakuarsuaq tulakkaluttualersoq,
makikkamigooq meeraagallarami atisannguani kapisinnguaq
atigamiuk anivoq. Anigamigooq sissap killinganut pilluni imaq
tunuinnariarlugu nallaannakaseqaaq. Nakuarsuup takugamiuk
savippoq. Savissinnarluni Pukkitsulik kiasissuisa akornisigut
naaleqaa. Napakkallaraluaramiugooq unaarsua nakkaannaqaaq,
napillarlunilu.

So the champion took his heavy lance which never failed him
and cast it with all his might at Pukkitsulik's back. But this too
just fell aside and broke. At this, the champion turned around,
without even having come on land, and set off homeward. The
people who had come down to watch saw that not even the
smallest hole had been made in Pukkitsulik's gut-skin jacket.

Then he lowered the umiaq into the water and prepared to
leave. Putting out a third oar, he took the biggest, most beautiful
woman that he had selected. Not one of the people objected, and
Pukkitsulik simply said:

"She'll come home again!" Then he set off.

Thus he proceeded for three days, acquiring a new female
rower each day. Then at last he reached the land where the white
men would visit. It was evening when they arrived and a great
number of people ran down to greet them. They had barely
reached shore before their umiaq was pulled up from the water's
edge. He had hardly time to look around before their tent had
already been set up by the strangers and he had received many
invitations to come and eat with them. As one might imagine,
Pukkitsulik went from house to house, eating at each of them;
but he was moody because he could think only of his
forthcoming meeting with the white men.

Later in the evening they suddenly heard shouting. Everyone
rushed out. Pukkitsulik was thoroughly confused about what was
happening. When he ran out, the only word he could make out
was "Ships!"

When he finally got over his confusion, he found himself
sitting alone on a hilltop watching a great ship anchored just
opposite his tent. It was well into the night and everyone had
gone to sleep.

Early the next morning he had his mother bring him the blue
fox pelt and the most beautiful of the saddle-back skins. When
the sun was high in the sky, he decided it was time to go out to

Taamaalillarmanngooq nakuarsuup anguigarsuani oqimaatsorsuaq naakkaluajuitsorsuaq tigoriarlugu tamaviat qatigaannakasiatigut naaleqaa. Aammagooq tamannarsuaq napilluni nakkaannarpoq. Taamaaleriallarmanngooq nakuarsuaq tunuteriallarami niullannguarani angerlamut aallaqaaq. Inuinngooq isiginnaariarsuit Pukkitsuliup kapisinngua periaqaat, kimillanninnguaqanngilarluunniinngooq.

Taava umiani singikkamiuk pikilerpoq. Tamatumuuna iputini pingatseriarlugit pinnernersioramigit annersioriarlugillu tigusivoq. Ataatsimilluunniinngooq annuallattoqanngitsoq Pukkitsulik oqaannarpoq:

"Angerlarfissaqarumaarpoq!" Tassalugooq aallarluni.

Taamannagooq tassa suli ullut pingasut ingerlavoq arnanillu pingasunik anguartitaaqqittarluni. Taamaallunigooq kiisa nuna qallunniarfigisartagarsuat tikikaseqaa. Unnukkunngooq tikikkamik nunamut tulanniariartut inuppassuit arpaliuttorsuullutik aterfiortorsuit qangali umiakasiat majuutereerpaat. Qiviariaraluarporooq qangarsuarli takornartarsuit toqqi nappareersimagaat, tassalugooq qaasaasorsuanngorlutik. Taannaqaligooq Pukkitsullip neriartortarluni illut naasalerpai, kisiannigooq oqaaseqanngitsukasiuvoq tassaligooq qallunaanik naapitsissamaarnermit.

Unnullartorooq suaarpaluleqaat. Inuit aniallarmata taamak Pukkitsulik paasisaqaraluanngilaq. Aneriallarami oqaaseq ataaseq kisimi tusaqusoq: "Umiarsuit!"

Pukkitsulik ilitsorilerallarpoq kiserratsaami qaqqannguup qaani issialluni isiginnaarlugulu umiarsuaq tupermi avataani kisarsimasoq, unnuarullarneramigooq inuillu tamarmik sinilersimallutik.

Aqaguani ullaannguaq terianniap amia aataallugooq amia pinnernersiorlugit arnaminit tiguniarpai. Seqineq qullangaatsiallarmat umiarsualiarfissanilu naapertornarsilermat

the ship; he set off paddling toward it. But when he came
alongside the ship, there was no one in sight and he had to wait
for some time. Finally a sailor poked his head out over the
gunwale and Pukkitsulik showed him his saddle-back skin. The
sailor's eyes opened wide in greed and he grabbed the skin. Now
more and more sailors flocked to the deck and began whispering
together because they didn't want their captain to hear them.

Pukkitsulik waited in vain for a while and finally decided that
if he showed his fox pelt the trading might be brisker. He held
the pelt up toward them and the sailors stretched their arms
down over the gunwale, still whispering together. Meanwhile
there came the sound of footsteps approaching from the stern of
the ship and the captain was suddenly standing among his men
without having been noticed. When he asked them what was
going on, he got no answer and the whispering continued until he
began dealing blows all around him.

The sailors broke up and the captain pulled the skins from
their hands and then immediately invited Pukkitsulik to come
onboard. The sailors tied a rope to his kayak and pulled it up.
As soon as Pukkitsulik stood on the deck, he became speechless
with wonder at the intricate rigging attached between the ship's
hull and masts. He'd never seen anything like it before. He
thought, "How extraordinary!"

He began to feel quite dizzy from staring up at the masts; but
he came around with a sudden start[6] when a loud voice yelled
straight into his ear. It was the captain who, growing impatient,
had spoken and who now took him by the shoulder and led him
down to his cabin, eager to barter with him.

When Pukkitsulik saw all the extraordinary things, he was
really amazed. He began to examine all the incredible things in
the cabin. He eventually caught sight of a little opening that led
to another big room; but when he tried to go through into the
room, he rammed into a person who stood blocking his way.

avalaannaqaaq. Umiarsuarmunngooq talikkami inussinanilugooq imungarsuaq utaqqivoq. Kiisaana umiarsuarmiukasiup qulerussap qulaani niaqukasini nuisillaraa. Pukkitsullinngooq aataap amitsiarsua nittaannarpaa. Aatsaanngooq taamak umiarsuarmiukasik uippoq pileritsangaarami, aataallu amia tigullarlugu. Taannaqaligooq umiarsuarmiunnguit umiarsuup qaani katersulerput isussuarpaluttuinnarsuullutik, sunaaffagooq naalagartik tusartaaliorlugu.

Pukkitsuligooq utaqqigaluarami kiisa isumaliulerpoq terianniap amersua nittaruniuk immaqa pisinialertornerussalluni. Tappavungagooq terianniap amikasia qullariallaraa umiarsuarmiorsuit immap qulaannarsuani tasingaaramik suligooq isussuarpaluttuinnarsuullutik. Taamaallunigooq aquata tungaanit pukkitsorpalaallarami taavaana naalagaat kiffarsuit akornanniilersoq, taamaattorliaasiit takuneqanngilaq. Apersoraluallaramigit akineqaraluanngilaq. Isussuarpaluttuinnakasiummata kiisa ersaartarujussuaqai.

Umiarsuarmiorsuinngooq avissaallartut naalagaata amersuarnik arsaaqai tassalu erniinnaq Pukkitsulik umiarsuup qaanut qaqeqqullugu. Umiarsuarmiorsuit qajaa qileriarlugu amuaqaat. Pukkitsulik umiarsuup qaanut qaqigaluarluni isumaliornermit oqaasissaaruppoq allunaarsuit umiarsuarminngaanniit napparutinut qilersuutiffaarissimasut tupigusuutiginermit, aatsaammi taamaattunik takulluni. Isumalerpoq: uanga aatsaat tassa!

Napparutinut qinernermit kiisa uissanngulluinnalerpoq. Uanngaana soriallartoq, tassanngaannarsuaq nipersuarmik siutimi iluinnaannut tuparujussuaqaaq, sunaaffaana umiarsuup naalagaata erinigilerluni oqarfigillaraani, tuimigullu tiguinnariarluni inersuarminut aqqutileqigaani niueqatigiumalluni.

Pukkitsullip tupinnartorpassuit isiginnaaleriarlugit aatsaat taamak tassa tupigutsakkallarpoq. Inersuup ilua tamakkulu paasissaanngitsorpassuit qimerluulerpai. Kiisa takuleriannguarpaa inimut allamut angisorsuarmut ammaniarannguaq, iserfigeriaraluaramiulli inussuaq aqqutissarpiannguamini nuisoq

Looking straight ahead, he began to tremble violently—he had bumped into himself! He couldn't understand how he could be in two rooms at the same time.

Terrified, Pukkitsulik was about to flee when he saw something on the wall of the cabin which ticked as it moved back and forth—it was a clock. Having never seen such a thing, he was stunned. "When is the thing going to stop?" he wondered, and he just stood there in the middle of the floor watching it. In the meantime the captain had been trying to talk with him about the price of the fox and saddle-back skins; but no matter how much the captain talked and gestured to him, Pukkitsulik in his amazement heard and understood nothing. Finally the captain, having waited in vain, lost his patience entirely and ordered his men to come down.

The next thing Pukkitsulik knew he was being lifted by a whole lot of arms and taken up on deck. He was so dazed by what he had seen that he quite liked being carried. He thought, "Just like when I was a kid and Ma used to carry me around!"

The sailors put him down on the deck and tied a thick rope around his waist. Then they gathered in a huddle off at an odd angle[8] and began to haul away at another big rope.

Pukkitsulik suddenly noticed with astonishment that he was beginning to rise upward. He went rigid, resisting, so the sailors yelled but could not budge him. Then they started singing a kind of shanty in their own language[9]:

> "Eeviniko didambistoo!
> hullaa, hullaa!
> miardo aarluarsuk!
> eeviniko didambistoo!"

aporfigerujussuarpaa, siumullu qiviaraluarluni tamarsuarmi sajuttorujussuanngorpoq: imminununa tassa naapilluni. Paaqartinnagulu qanoq ililluni init marluk ataatsikkut iserfigisimasinnaallugit.

Pukkitsulik tassa tatamingajassaalluinnarluni qimaaniassalluni tamaani takuleriannguarpaa inersuup iigaani sunaana issartorsuulluni aalasorsuaq. Sunaaffa nalunaaqqutaq. Pukkitsulik aatsaat taamaattumik takugami tupigutsannermit uniinnarallarpoq. Isumalerpoq: qaqugumitaava taannakasik unissava? Taannaqalumigooq naqqup qeqqanut nikuilluni isiginnaalerpaa. Sunaaffagooq tassa naalagarsuup terianniap aataarsuullu amiisa akissaannik oqaluunniartarsimagaluaraani Pukkitsuligooq tupigusunnersuarmit oqaluuttaraluarmani usserarfigisaraluarmanilu sunnguamik tusaasaqarnanilu isigisaqanngilaq. Kiisagooq naalagarsuup utaqqigaluarnermit puffaalluinnaramiuk kiffarsuani ateqqoqai.

Pukkitsuligooq periannguaraluarpoq[7] taavaana amerlasoorsuullutik kivillaraanni umiarsuullu qaanut majuuttorsuanngorluni. Kisiannigooq tassa takusarsuani tupiginermit taamannak tigumiarterulunnersuani nuannariinnarpaa. Isumalerpoq: soorluuna meerakasiugallarama anaanama tigumiallaraanganga.

Kiffarsuinngooq umiarsuup qaanut ilillaramikku allunaarsuarmik silittorsuarmik qitiinnakasiatigut qileqaat. Taamaalillarlutinngooq eqqumiitsorujussuarmi ataatsimuinnarsuaq katersuutillaramik allunaarsuaq allarsuaq nutsuleqaat.

Pukkitsulik tupinnartorsuarmik misigisaqalerpoq, taavaana qangattalillarluni. Taamaaleriarmat manngertiinnarpoq, tassalu umiarsuarmiorsuit nilliasuinnarsuanngorlutik nikitinnerlu artulerlugu. Kiisaaku ileqqorsorujoortorsuanngoqisut:

"Eeviniko didambistoo!
hullaa, hullaa!
miardo aarluarsuk!
eeviniko didambistoo!"

At last they got him moving. Up and up he went and came to a stop only when he had reached the topgallant yard. When they had secured the rope, the captain disappeared down to his cabin and then reappeared after a while bearing an armful of guns which he gave out to his men. After they had loaded their guns, he ordered them to shoot at Pukkitsulik, one at a time.

The younger ones were the first to shoot, but they couldn't hit him, their bullets all falling back down. He hung up there with his back to the yard-arm, laughing at their efforts.

Then two decrepit old sailors were ordered forward. They looked pretty useless; they cast glances at each other, perhaps because they'd never before in their lives tried to fire a gun. When Pukkitsulik later told the story he referred to the oldest and fattest of them as "the Creature."

This "Creature" stepped grimly forward holding his gun; and just as he was about to shoot, he got scared and looked away from the gun. It had been fired so many times it was full of soot and it back-fired, sending "the Creature" flying onto his backside. Pukkitsulik roared with laughter.

Then the other old-timer stepped forward. He must have heard the young ones say that a cartridge might come flying off when a gun is fired because he held the gun out so far away from himself that the shot went off over the deck and just about hit the captain.

Now the captain really got mad and ordered the men to shoot one after the other on the run. The sailors gathered at the stern of the ship and ran across the deck one at a time; as they passed beneath Pukkitsulik, they had to shoot up at him. This went off very well—for Pukkitsulik, that is: there was no one who hit the target.

Kiisaana qangattakasillartoq. Ingerlagami, ingerlagami napparutaata sannerussuanut allersuarmut kiisaana unikasillartoq. Tassagooq amoorussua aalajangersullaramikku umiarsuit naalagaat taamak iniminut atillarami mulutsiarsinnarluni saqqummeriaqaaq aallaassuarninguna tigumiartorsuulluni, kiffarsuarminullu tunniussoqai. Immiillarmata naalakkerpai ataasiakkaarlutik Pukkitsulik issuttaqqullugu.

Inuusuttukasiinngooq siulliugaluaramik taamak eqqorneq ajorluinnarpaat, ilulissarsuinngooq tamarmik kingumut utillaaraat. Tappavanngagooq sannerussuaq qatigammissimallugu assoroorniaasaartut illaatiginnguallaarai.

Taamaallunigooq kiffakasiit marluk utoqqqaanermit suunngitsut naalakkeqai. Taakkukasiit ajoruusartukasiullutik imminnut qissimillaaraat, immaqagooq aatsaat inuunerminni aallaammik ooqattaassallutik. Kingornagooq Pukkitsullip tamanna oqaluasaarinialeraangamiuk kiffat taakkua utoqqaanersaat pualanersaallu "Pinngortitamik" taasarsimavaa.

Tassagooq Pinngortitaq annuttorsuulluni aallaanni tigoriarlugu sassaannaqaaq, eqinnialeraluarlugulugooq uloriasuleriannguarluni aallaanni alaannaqaa. Aallaassuarooq tassali seqqoraluarnermut paavinnarsuanngorsimagami aallaraluarlunilu tuullaramiuk Pinngortitaq issiallatsillarpaa aatsaanngooq taamannak Pukkitsulik illarpoq.

Aammagooq tassa utoqqakasiup aappaa sassarpoq. Immaqaligooq taassuma inuusuttut oqaluttut tusaasarsimaneramigit aallaasit eqeriarlugit qaartartui ilaatigut pissittartukasiit uloriasunnermit aallaanni maangaannaq saatillugu eqillaramiuk umiarsuup qaaginnaanut aallartillugu taamak umiarsuup naalagakasia aallaangajappaa.

Aatsaanngooq tassa umiarsuup naalagaa kamappoq, naalakkerpaalu arpaannaq igeriartaqqullugit. Tassa umiarsuarmiorsuit aquata killinganut katersullaramik ataasiakkaarlutik umiarsuup qaarsuatigut arpaannaq igikkiartortarlutik, tassalu Pukkitsulik atangerlugu seqqoraluallaaraat—tassagooq iluamik pigaluarput eqquisoqassanatilli.

Finally it was "the Creature's" turn. Clutching his gun, he ran across the deck, concentrating his attention on Pukkitsulik up on the mast, thinking perhaps he was a great shaman, so he didn't look where he was going and stumbled over some rope that lay on the deck. His shot went off right into the midst of the sailors.

The captain realized that if things continued like this his own men might come to grief while Pukkitsulik just laughed at them from the mast. He went out to the middle of the deck and berated his men; then he untied the rope and lowered Pukkitsulik down again. He became friendly and asked Pukkitsulik once more what payment he wanted for his fox pelt. Pukkitsulik just pointed at the guns. The captain brought them all over to him, and Pukkitsulik chose the best of them. Now there was no end to the friendliness of the white men, and they all started plying him with gifts.

Pukkitsulik put all the gifts into his kayak, stopping only when he saw that the kayak would sink if he put any more in. He put on his kayak-jacket after he'd crawled in, fastening it tightly to the kayak-ring, and had the sailors lower him into the water. When they let it go, only bubbles came up from the water; they all thought he had sunk, having filled his kayak too full. But when they took a closer look, there was his nose, just sticking out above the surface.

He made his way slowly back to shore. Before any one else had seen him, his mother cried out:

"Why, here comes Pukkitsulik!"

They all looked out to sea but could only see a vague rippling of the water. When he reached the shore, his mother pulled him up. That is what is told about Pukkitsulik's visit to the white men.

At dawn the next day they set off toward the land in the south, returning en route all of the girls he had taken. When he

Kiisagooq-una Pinngortitaq sassallartoq. Aallaassuani tigullaramiuk umiarsuup qaaginnaatigut arpalluni aallaqaaq. Kisiannigooq Pukkitsulik napparummiittoq immaqa angakkorujussuutilluinnaleramiuk isiginiarpallaarlugu tummagassani isiginngitsoorallarlugu allunaasarsuarmut umiarsuup qaaniittumut naaqaaq tassalu umiarsuarmiorsuit akorninnarluinnaannut seqqorluni.

Naalagarsuunngooq tassa misigileramiuk taamannak piinnaruni kiffarsuani asuli ajunaartiinnassallugit Pukkitsulillu napparumminngaanniit illaatigiinnaleqimmatik tamaanga sassariarluni kiffarsuani naviivissullarsinnarlugit allunaarsuaq tamanna qilerussaarsinnarlugu Pukkitsulik ningeqaa. Tassagooq inussiarnersuinnarsuanngullarami Pukkitsulik apereqqippaa terianniap amersua sumik akileqquneraa. Pukkitsullip aallaassuit tikkuaannaqai. Naalagaata tamarsuisa tunniutillarmagit pitsaanersiuinnarpai. Tassalugooq qallunaarsuit inussiarnernermut ajornarluinnalerlutik tamarmillu tuniorartorsuanngorlugu.

Pukkitsullinngooq tamarsuisa qaannaminut ikioraannarlugit ilaqqikkaluarpata kisianni kivissangalerami tuillerami ungersuutikutsoorsinnarluni qaannaminut ikigami immamut ningitippoq. Iperariallaramikkugooq[10] puaasartuinnarsuuvoq, qaannigooq immerpallaaqimmagu tassa tamarmik isumaliorput kivisimasoq. Taamaallutinngooq pinialeriannguaraluarpaat qingaaluuna nuisaarluni.

Arriitsoralaannguaminngooq tunummukarluni suli allanit takuneqanngissaqqaartoq arnaa suaarpoq:

"Arraa, aana Pukkitsulik aggerpoq!"

Avammunngooq qiviaraluaramik qernajaarninnguaq kisiat takuaat. Nunamunngooq majorallammat arnaata amuaa. Tassagooq taamannak Pukkitsullip qallunniarnersua unikkaarisarpaat.

Qaammannngooq kujammut nunaminnut aallarput aqqumminilugooq niviarsuarpassuit tamakku utertiorarlugit.

approached his home, he heard that the champion had fallen ill in grief at the loss of his daughter; and he died just as they arrived home.

Pukkitsulik carried the champion's body up a mountain and covered it with stones. In doing so, he used such big stones that the champion's blood poured out over the rocks. When he finished, he stood up on top of the stones and said with a laugh:

"You had your fun harpooning me so now you must allow me mine in return!"[11]

Afterwards Pukkitsulik was married to the champion's daughter for many years and died at a ripe old age.

————————

1) Literally "one with low things, i.e., shoes." The association is with *pukkitsormiut*, "Lowlanders," (the Dutch whalers in Davis Strait in the 17th/18th centuries).

2) Literally "as if not having had anything done to him."

3) i.e., propose, make his intentions known to the girl.

4) The negative is odd here; perhaps a conflation of two constructions (cf. *allamik isumaliuteqarsimannngilaq*, "he'd thought of nothing else").

5) Despite being a figure of fun (the "old bachelor" figure), Pukkitsulik has some of the magical powers of the traditional hero in the legends.

6) Literally "something (what?) came unexpectedly from right there."

Nunanilugooq qallillugu tusalerpoq nakuarsuaq taanna
panimminik arsaartinnersuani aliasuutiginermit napparsimasoq.
Tassalugooq nunaminut pillartoq taana toquvoq.

Pukkitsullinngooq toqungasorsuaq taanna qaqqamut
majuuppaa perooriartorlugu peruuleramiullugooq ujaqqat
annersiuinnarlugit peroorutigillaramigit qangaligooq
toqungasorsuup aassua kuualaannguarsi.
Naammatsikkamiullugooq qaavanut tutilluni oqannguallarpoq
illalaarluni:

"Naalittarpallaaraluaqimmanga taamaallaat
akiniannguarujara!"

Kingornagooq Pukkitsullip ukiorpassuit nakuarsuup pania
nuliarigujaa, utoqqanngorlunigooq toquvoq.

----

7) The main verb in the construction is in the sense "noticed
suddenly."

8) Literally "in a strange place" (from Pukkitsulik's point of
view).

9) The only recognizable word in this nonsense verse is
aarluarsuk, "dolphin"!

10) The 4th person subject here (common in connection with
riallar) suggests an underlying *takuaat*, "they saw (it),"
following.

11) Literally "because you harpooned me so violently I'm just
taking my revenge" (with "strengthening" suffixes *nnguar* and *gi*
on the final verb).

Nutaraq
The Kid[1]
Chapter 6

Hans Hendrik

This excerpt, taken from Hans Hendrik's *Nutaraq* of 1971, represents an abrupt leap back to the present, but it shares the humorous touch of the preceding selection. This novel marked a new direction in Greenlandic literature. Departing from the realistic but reserved style that characterized earlier generations of writers, it describes in a youthful, flippant manner—verging on the sexually explicit—the amorous entanglements of a young Greenlandic student during his training as a future teacher in Denmark. The style is slangy and full of Danish expressions, presenting certain problems for translation, especially since a short excerpt has been pulled out of context. We see a representative of young Greenlanders on the eve of Home Rule who feel they have fallen between two schools both culturally and linguistically, although the serious political concern displayed by other young writers of this generation is not evident here. The novel's lightness is tempered somewhat toward the conclusion when one of Hendrik's girlfriends meets her death.

One could hear people hurrying up the stairs—there seemed to be several of them.

"I hope he's in," said a familiar female voice.

"Where's his room?" asked an unfamiliar male voice. A clattering of shoes could be heard outside the door, accompanied by heavy breathing, and heavy fists pounded three times at the door.

"Hey there," Tove called gaily as she stuck her head around the door and stepped inside unceremoniously.

"Hi!"

"Hi! Hi!" her companions chimed in one after the other. The female: a plump creature in glasses, unattractive but her figure wasn't bad. The male: medium-size with a big nose, he looked as if he hadn't had his hair cut for several years. Where did these people come from?[3]

Tove sat down beside me and began to explain, gesticulating in an expository manner worthy of Luther:

"This is Majken and Arnold, my fellow countrymen." Then, turning to me, she added, "And this is Hendrik!"

("And you are Tove, 'the Temptress,' " I added in my thoughts.)

Taken aback by the intruders, I glanced at Tove with a questioning look in my sleep-filled eyes.

"They are going into town this evening and dropped by to see if we wanted to come with them to the 'New Look'."[5]

You don't say!

Tummeqqatigut nukingersumik majuarpaluttoqarpoq—
arlaliorpaluttunik.

"Neriuutigaara angerlarsimasoq," nipi ilisarnavissoq, arnap
nipaa, tutsiuppoq.

"Sumi ineqarami?" angutip nipaa ilisarnanngitsoq tutsiuppoq.
Makkortarpaluk matup silataanut palliguppoq, anerterinermik
malitseqarluni, assaallu nagguartuugunavissut pingasoriarlutik
matumik kasuttuipput.

"Hey," Tove puttutiitigaluni tipaqaluni pilerpoq,
sorraappalungajattumillu pissuseqarluni tiffarterluni.

"Dav!"[2]

"Dav! Dav!" malittai tulleriiginnarlutik ilassipput. Arnartaa:
pualakuluttoq, isarualik inequnavinngitsoq, kisianni timimi
sannaasigut pinngortitaq suusupagisassaanngivissoq—angutitaa:
anngajaaq, qingartooq, ukiunilu arlalinni
nujaajartissimagunanngitsoq; aamma kikkunukua kinguaavi?

Tove saninnut inisseriarluni assamminik ussersuutigaluni
nassuiaalerujoq, Lutherimit ajorneruniarani:

"Tassa Majken Arnoldilu nunaqqatikka," tunginnullu
saariarluni: "Aajuunalu Hendrik!"

("Illillu tassaavutit 'Ussernarteq'[4] Tove," oqaasii
isumaannakkut ilavakka.)

Isertut uissuummissutigalugit Tove isinnik serpilaalinnik
aperiniartutut qissimippara.

"Ukua unnummut illoqarfiliarniaramik, 'New Look'-imut
ilaajumasoraluta aqqusaarpaatigut."

Aamma pigaluaqaaq!

"What time is it?" I asked half-heartedly.

"They don't close until two in the morning."

"Is it a fun place?"

"You'd better believe it!"

"It's a gas," said the fellow who had come in, "and a great place for people out for a good time!"

"And you don't have to spend much," the girl in glasses joined in.

(...if "the Temptress" doesn't make us...)

"I'm broke; and I don't really feel like it," Hendrik[6] said, not entirely truthfully, and gave a wide yawn.

"Aw, come on, let's go along." The Temptress Tove put on a pleading expression and added, "I can lend you some money!"

"I don't want to be in debt! Let's just stay in; we're not millionaires..."

"They have a car and it doesn't cost so much to get in...it would be a great way of spending the evening!"

"I can only come along if you pay for everything I choose," Hendrik said as he turned to Tove and began to fill his pipe.

"Hm...you coming then?"

"Yes!"

"Well[7] while we're waiting, we'll just go back to the hotel for a while," Majken said, and Arnold followed her out. Her left

"Qassinngorami?" eqiasupajaarlunga aperivunga.

"Aatsaat ullaakkut marlunut matusarpoq!"

"Nuannertarami?"

"Ilartarami!"

"Nuannertaqaaq," nukappiaq isertoq pilerpoq,
"nuannisaarusuttuni ornigassaq pitsavik!"

"Aamma akisuallaarneq ajorpoq," arnaq issalik ilaaqquppoq!

(...ussernartumullu pisinnata...)

"Uanga suuteqanngilanga, aamma kajumigivallaanngilara,"
Hendrik sallulaarluni pilerpoq, aatsaarujussuarlunilu.

"Åh, qaa, ilaginiartigit," 'Ussernarteq' Tove niaqqi
qinorpaluttumik inissillugu pilerpoq. "Uanga
atukkissinnaavakkit!"

"Akiligassaqarusunngilanga! Asu uninngaannarniarta
miliuuneeriunngilagut..."

"Ukua biileqarput, isernerlu akisuallaanngilaq...unnukillisaat
pitsak!"

"Tikkuakkakka tamaasa aatsaat akilerumagukkit
ilaasinnaavunga," Hendrik Tove saallugu pilerpoq, pujortaatinilu
immilerlugu.

"Hm...ilaassavit?"

"Suu!"

"Nå, uagut akunnitarfimmi utaqqiisaa
isersimarujooriartulerpugut," Majken pilerpoq aninialerlunilu
Arnoldip malikkaani. Iviangersuata saamerliup Hendriup isai

breast crossed in front of Hendrik's eyes, bobbing up and down...perhaps she worked out at body building! They went out calling, "Goodbye, goodbye."[9]

"Why do you want to go into town?"

"Why not?"

"Let's just stay at home. You know I've got an exam coming up...I don't want a hangover tomorrow..."

"If you feel like going home, we'll go home; but why are you in such a bad mood, Hendrik?"

"I'm hesitant because I'm not used to going out dancing so often...when I was with Jutta, we'd go into town once or twice a month—usually on Saturdays. Nowadays it can be any old day—yeah well, you know how I feel about it..."

"Hendrik...?"

"Yes, I know you're a bit surprised; you see, today I dropped by on Jutta and I still haven't got my thoughts together..."

"When did you see her?"

"I didn't just see her..."

"You made out with her?"

"Heck, if I'd really done that I wouldn't be here yet. We were riding around on our bikes and just took the opportunity to look in on her..."

"You and who else?"

"Someone I go to school with."

"Then...?"

sarsuppai appaallattartuinnaalluni...immaqaana
bullworkerertartorsuaq![8] Farvel—farveleertuinnaallutik anipput.

"Sooruna illoqarfiliarniaqaasi?"

"Sussagaluarattami?"

"Angerlarsimaannarluta, nalunngilat erniinnaq
eksameneqartussaasunga...aqagulu niaqorlukkusunngilanga..."

"Angerlarumalleruit angerlarumaarpugut—Hendrik, sooruna
qiimaaqaat?"

"Taama akulikitsigisumik qitittarfiliarneq ajorama
nangaakujuppunga...Jutta ilagisarallarakku qaammammut
ataasiarluta marloriarlutaluunniit illoqarfiliartarpugut—pingaartumik
arfininngornikkut, massakkulli ulloq sunaagaluarpalluunnitt—ja,
nalunngilat qanoq eqqarsartunga..."

"Hendrik...?"

"Suu, nalunngilara uippallilaartutit, ullumiuna Jutta
isersimaffigillatsiarakku isumaga suli aaqqivinngitsoq..."

"Qanga takugakku?"

"Takuinnarnagu..."

"Ilagivillugu?"

"Arraa, ilagivissimasuugaluarukku suli
angerlarsimassanngikkaluarpunga. Cykelerujoorluta iluatsillugu
pulaaratsigu..."

"Kinalu?"

"Atuaqatigalu!"

"Taava...?"

"Yeah, then she gave us something to drink, and Jutta and I had quite a long chat together...I can tell you—no, if you hear it, you won't want to go dancing with me..."

"Come on, whatever it is..."

"I can tell you that what I'm going to say may startle you..."

"Has she got a new boyfriend?"

"Yes, but he probably won't last long. I...I am the one it depends on!"[10]

As if she understood, she stood with her head lowered for a while, playing with her fingers. Hendrik looked at her in embarrassment, thinking, "I should never have opened my stupid..." Various feelings struggled within him. Here was a woman he liked and who had begun to nurture certain hopes; but now because of his last words, she could no longer really expect their fulfillment; a woman who had thought she had found a lasting attachment, but now was filled with doubt! Though she knew the situation was fraught with problems, she had nevertheless made up her mind to sacrifice herself. What a woman...! And here was Hendrik, who had harbored such feelings himself in the beginning but now thought he could find refuge once more—in Jutta!

"I know...I was expecting it...but I didn't expect it so soon," she said with a gentle humble-sounding voice and, turning her face my way, reached out her arms to me.

"Tove, it won't affect the way I act toward you."

"I know, but there will be a difference: it won't be so simple any more, the way I am toward you!"

"Well, we'll go into that some other time; we shouldn't keep the others waiting. I have to get washed," Hendrik said as he gave her a kiss on the cheek and moved toward the door. But she

"Ja, taava imeruersartippaatigut, kingornatigullu Jutta uangalu sivisungaatsiartumik oqaloqatigiippugut...oqarsinnaavungalu... naamik tusaraluarukku qitigiaqatiginavianngilarma..."

"Qaa, qanorluunniit ikkaluarpat..."

"Oqarsinnaavunga uippalliutigisinnaasannik tusartissinnaallutit..."

"Angutaatitaarsimagami?"

"Suu, kisianni atavallaarunanngilaq...uanga...uanga kisimi apeqqutaassaanga!"

Paasisaqartutut sivikitsumik nakangavoq inussanilu pinnguarilerlugit. Hendrip peqqusiileqikujulluni isigivaa—soormi aamma s....![11] Misigissutsit arlalialukasiit imminnut aporaatilertutsiarput. Aana arnaq nuannarisaq neriuuteqalersimagaluartoq, qularnanngitsumilli oqaatsit kingulliit pillugit neriuuteqarpallaarunnaartoq, inuk eqqissiffissaminik nanisaqarsorisimasoq, kisiannili qularutilik! Nalunngikkaluarlugu qularnartuusoq, taamaattorli aalajangiussisimaannarsimasoq— imminut pi liutigisimasoq—kiisami arnaq!...Aanalu Hendrik, nammineq aallaqqaataani taamatut misigisaqarsimasoq, maannali toqqammavissaminik takunneqqissorisoq—Juttami!

"Nalunngilara...ilimagisimavaralu...taamali piaartiginissaa ilimagisimanngilara," saamasumik nikanartippasissumillu nipeqarluni kiinni tunginnut qiviartippaa assanilu isaallugit.

"Tove, ilinnut pissusera allanngortinnaviannngilara."

"Nalunngilara, allaassutaali aana: imaaliallaannaq qanoq iliorfigisinnaajunnaassagakkit!"

"Nå, oqaloqatigiissutigilluarumaarparput, ilassavut utaqqivallaalissaqaat, ermikkiartortariaqalerpunga," Hendrik pilerpoq, ersaatigullu kuneriariarlugu aniartorluni, taassumali

ran up behind him and hugged him tightly without saying a word! Hendrik washed himself, his heart beating wildly. He felt so sorry for Tove but had no idea how to formulate his words to her. He knew that if he told her everything that had happened that day she would think silently for a while without making a row—and he also knew she would say that she understood. Even if she did understand, Hendrik would feel contriteness in his heart but would be unable to express it in words—it could only be expressed satisfactorily in the way they looked into each other's eyes and by the way they acted toward each other. His heart, which already had to take care of pumping blood, now had to bear the added burden of these grueling emotions! Hendrik came back again. Tove, humming softly to herself, was reading a newspaper. At the sound of the door opening she looked up and, surprisingly, gave a little smile—but only for a moment!

"Here, if you want to smoke—and there is a Yankee Bar[12] too," she said as she got up from the chair. "Luckily I don't have to work tomorrow; I'm just going to sleep in." She gave a rap with the newspaper and came closer.

"Lucky you!"

"I suppose you will be tied up with your books as usual?"

"That's how it's got to be!"

A Yankee Bar in his mouth and a cigarette in his hand, Hendrik set about getting dressed—in a hurry. Catching sight of himself in the mirror, he stood looking at it for a while; and thinking of his ancestors, he spoke out loud to himself:

> "Blubber, meat and fish
>   have been displaced by
>   Yankee Bars and cigarettes,
>   and since skins are no longer good enough
>   you've begun to use
>   rayon, nylon and polyester,
>   you've begun to buy them...!"

tunuaniit arparujussuariarluni Hendrik
eqitaarujussuarpaa...oqaaseqaranili! Hendrik uummatiminik
kasutsitsisorujussuulluni ermippoq...Tove nalligeqalugu, qanorli
oqaatsit anitassani sanassallugit naluliinnarlugu. Nalunngilaa
tamakkiisumik oqaluttuarfigiguniuk ullumi pisimasut
najoqqutaralugit—sivisungaatsiartumik oqaaseqarani
eqqarsaatersussasoq—perullulioranili—nalunngilaattaarlu
paasinnilluni piumaartoq. Paasinnikkaluarpalluunniit Hendrik
uummatimigut oqaatsitut aninneqarsinnaanngitsumik
utoqqatsernermik misigissuseqarumaarpoq—Tovelu imminnut
isimikkut isiginermikkut imminnullu iliuutsimikkut aatsaat
naammattumik aninneqarsinnaasunik. Uummat aammik
maqitsilluni suliassaqaruttorluni aamma tassa misigissutsinik
artornartunik ilumiulerneqarmioq! Hendrik iseqqippoq. Tove
sallaatsumik niperujuujutigaluni aviisimik atuarpoq.
Matorpallammat qissimippoq uissuumminartumillu
qungujulaarluni—sivikitsumilli!

"Cigarettitorusukkuit—aamma Yankee Bar aajuku," pilerpoq
issiavimmillu nikuilluni. "Aqagu sulisussaanngilanga, imaallaat
sineruloorniarpunga," aviisi assamminik anaarlussaatiitigalugu
oqalulerpoq qanilliartorlunilu.

"Iluanaaq!"

"Illinaasiit immaqa atuakkeriniarputit?"

"Taamaanniartussaavoq!"

Yankee Barituutigaluni cigaretti tigumiarlugu Hendrik
atisalersorniarsarilerpoq—nukingiinnaq, tarrani takugamiuk
imminut isigimmersutsiariarluni siulini eqqaariallaatai nipituumik
imminut oqaluffigilerpoq:

"Orsoq neqi nerpillu,
  Yankee Barimit cigarettimillu
  inangerneqarmata,
  ameq ajornarsivimmat,
  rayon, nylon polyesterillu
  atugarilerpatit,
  pisiarisalerpatit...!"

"Huh?" Tove enquired with a laugh. "What does all that 'bla bla bla' mean?"

"They say they all get cooked!"[13]

"Oh, I see!"

When they were ready, they joined the others at the hotel and left for town in their Peugeot 404. The fellows hardly talked at all, but the girls chattered away excitedly about the dance-hall they were going to and the people who went there, interspersing their twittering with laughter—girlies!

Our destination, the "New Look," was in the center of town. Its name was in bright red and green lights that stood out clearly against the summer twilight. As we stood outside, we could hear the loud sounds of the band inside, like someone banging away on tin buckets. In the distance a church clock could be heard chiming half past eleven, and we hurried in. With Tove's warm hand in mine, we passed the entrance and headed for the bar to get a little something to warm us up; but we were hindered by the masses of people swarming in the heat inside. Gradually we made our way toward the bar with Majken and Arnold in our wake. A drunken fellow, who looked like a big seagull being jostled about among the dancers, careened into us, making us lose hold of each other's hands.

"Sorry, eh...See you round," he cried like a gull; and, knocked into by somebody else, he disappeared again amongst the crowds.

"Look, there's an empty table over there; shall we go and sit at it?" Majken asked from behind us, as she pointed to the table.

"Right! Hurry before someone else grabs it from us!"

"Qanoraa?" Tove illariaatigaluni pilerpoq. "Taakku 'preproproppplaplydy' qanoq isumaqaramik?"

"Tamaasagooq uuppaat!"

"Nå, sådan!"[7]

Naammassigamik ilassatik akunnittarfimmit aqqusaariarlugit Peugeot 404-mik illoqarfiup tungaanut aallarput. Angutitaat oqartoqarpiassanatik, arnartaalli sumik arlaannik erinisuuteqartutut qitittarfik ornitarput inuillu taakaniittartut pillugit oqallittorujussuupput, qataajaqersumik illartarnermik akunnilertarlugit—niviaaluit!

Ornitarput 'New Look' illoqarfiup qiterpiannguaniippoq. Aqqa qullernik aappaluttunik qorsunnillu qalipaatilinnik sanaajuvoq erseqqeqaluni—aasap tarrajussimaarnerani. Silatangeratsigu nipilersortartut nipilersorpalunnerat qattanik anaalererpalunnermut eqqaanarnerusoq nipitoqisoq tusarsinnaalereerparput. Oqaluffiup nalunaaqutaa unnuap qeqqanut qiteqqulluni ungasiartumi sianerpaluppoq— nukingerlutalu iserpugut. Tovep assaa kissartoq tigumiarlugu isaatitsisarfik aqqusaarlugu immitsisarfiup tungaanut aallarpugut 'uunnasseqqaarniarluta'—inuppassuarnilli isersimmattunit silaannarmillu kissartumit unitsitaalluta. Arrissunnagu immitsisarfik toraarlugu ingerlaniarsarivugut Majkenip Arnoldillu malittarigaatigut. Qittattut akornanni sakattaattut arlaannit sakanneqarluni angutip nakoqqasup naajarluttut isikkullip sakarujussuarpaatigut—assavut iperartillugit.

"Utoqqatserpunga, æ..., takoqqikkunnarsivugut," naajarluttut nillilerpoq, allamillu sakanneqaqqeriarami inuit akornannut ersigunnaarluni.

"Aajinnga nerrivik inoqanngitsoq...ingikkiartorfigissavarput?" Majken tunutsinniit tikkuartuutigaluni aperivoq.

"Qaa, tuavi, ingiartinnialeqaagut!"

Bit by bit we made our way to the vacant table where we at last could sit and relax. The band was on a raised stage, sweating away. The interior of the hall was bathed in a dim reddish light and all the other tables were filled with people who had more or less copious amounts of drink in front of them. Near the bar two rather oddly dressed women, heavily made up and smoking cigarettes, were looking all around provocatively—it was especially the men they were looking at, smiling in their direction and occasionally sipping a drink. One of them noticed me when I happened to be looking her way and gave me a broad smile—although her smile was not as broad as "the Little Mermaid's."[14] Because they seemed out of place amongst the guests, I got Tove to look that way and asked her who she thought they were.

"Women you should stay clear of," she whispered.

"I have no need of their kind," I replied, understanding, and held her hand tightly.

When they began to play "*Sag mir wo die Blumen sind*" I took Tove for a dance. We chatted about this and that, but my partner's slight trembling was unmistakable, and I too didn't feel exactly comfortable. When the dance was over, we went back to our table, and there was the waiter serving whiskey—four glasses.

"I thought you wouldn't disapprove..." Majken said with a smile.

"Oh boy, this looks bad!" ...

Pilluta, pilluta kiisami nerrivik allanit ingiffigineqarianngitsoq
tikipparput qasuersaarlutalu issiasinnaalerluta. Nipilersortut
qattunersaliami ipput. Kiagoqalutik. Inip ilua tarrajaartumik
aappalungusersumik qaammarsarsimavoq, nerriviillu sinneri
tamavimmik inuttaqarput, minnerusumik
annertunerusumilluunniit imigassartalersorsimasunik.
Immitsisarfiup eqqaani arnat marluk immikkukajaaq ittunik
atisallit, kiinnamikkullu qalipannikooqisut cigarettituutigalutik
peqqusaarpasissumik isikkoqarlutik tamanut
qinertortarput—pingaartumik angutit isiginerusarlugit,
qungujulaarfigisarlugillu—akornatigullu
najorsilaartarniannguarlutik. Aappaata aamma naammattuuilluni
isiginiarinni takugaminga qungujorujussuaqaaq—qungujuali
'Qungussutarianguup' qungujuttarneranit pikkunaanneroqaaq.
Isersimasunit allagitinnarnermik Tove qiviarsariarlugu aperivara
suunasugalugit.

"Mianersorfissatit," isussuppoq.

"Atorfissaqartinngilakka," paasillugu akivara assaalu
tigoruloorlugu.

'Sag mir wo die Blumen sind' appimmassuk Tove
avalaqatigaara, sualunnillu oqaloqatigerujoorlugu, aapparmali
sajulaarnera maluginngitsuugassaanngilaq, uangalumi
eqqissisimavinngilanga. Qitigiaq naammat nerrivitsinnut
ingikkiartulerpugut, taavaana saqisoq whiskynik agguaalillartoq,
asulumi immiartorfiit sisamaagillutik.

"Ajorinngitsoralugu...," Majken qungujulaqaluni pilerpoq.

"Iasilaraluttuaq!"...

1) *Nutaraq* means a dog still too young to pull in a sledge-team; it refers to a young, inexperienced girl here.

2) In Danish—colloquial for *goddag*.

3) Literally "Whose descendants were these?"—an expression repeated from earlier in the book (referring to Danish versus Greenlandic origins).

4) The southern Greenlandic pronunciation of *ussernartoq* (Hendrik, and the author whose *nom de plume* is Hans Hendrik, comes from the south); used for ironic emphasis, presumably.

5) A dance-hall in the town.

6) The first person narrator refers to himself in the third person now and then, as here.

7) In Danish.

8) "Bullworker" is a trade-name for a body-building appliance.

9) Danish *farvel*.

10) Literally "it can only be a question of me."

11) Presumably curtailed *sangatak* (= Danish *satan*), "hell!"

12) A candy bar.

13) A phrase repeated from earlier in the book (Hendrik's interpretation of what a chicken is clucking).

14) Nickname of a friend of Hendrik's who grins a lot; the Greenlandic means literally "one that smiles broadly" and refers to a legendary sea creature, although now more usually to the "Little Mermaid" of Hans Christian Andersen.

Ilissi Tassa Nunassarsi
This Land Shall Be Yours
Chapters 1 and 2

Frederik Nielsen

A nother shift of direction, back into the Eskimo past, occurs in this extract, the first few pages of Frederik Nielsen's *Ilissi tassa nunassarsi* (This Land Shall Be Yours) from 1970. This is the first part of a trilogy with a broad lyric sweep portraying the period from the original entry of the Inuit into Greenland until the historic encounter with the Norsemen in the southern region of the country. Unlike the down-to-earth language of the excerpt from "Taseralik," this evocation of the almost legendary exodus of the future Greenlanders from the North American Arctic, led by their shamans, is more in the nature of poetry than of documentation—in fact, the excerpt contains a much-quoted poem. Frederik Nielsen—for many years head of Greenland's Radio and well known for his poetry as well as for his prose—has been as responsible as any other single writer for the development of a truly flexible Greenlandic literary style, one that is capable of syntactic complexity but is rarely obscure or over-ponderous.

In the Old Land

They were becoming more and more alone in the settlement. Many had left, all of them heading northward, northward.

Frequently sledges would arrive from the south, all of them loaded with people and goods. Sometimes they stopped for only one day; sometimes they would spend the summer, waiting for good sledging conditions, growing more and more impatient for the sea to freeze and become suitable for travel off to the north; and there were never any who returned.

Avataq and his family were almost the only ones left in the ancient land of the Inuit. They had ample sources of food; in both winter and summer they had supplies and hunting grounds where they did not need to worry about competition from others. They obtained food and clothing from the sea and land animals that they caught, as well as the equipment to catch them. Why should they leave such a land, perhaps only to find themselves in one where they would suffer deprivation?

Amongst the Inuit living in this place there arose a yearning—a yearning for something unknown. They began to lose interest in the old land of their ancestors and seemed to long to acquire a land that they themselves would establish. And there was a reason for this.

They had heard reports from those who had been coming from the south that their fellow Inuit down in the south around the great lakes[1] had begun to move toward the coast under pressure from people of another race. Since these well-armed people came from inland they referred to them as "inlanders." Their appearance was strange, they said: they were bigger than Inuit and some of them had hairy bodies, while some of them were like Inuit except that they had thighs like dogs. The most extraordinary ones were those who had pans attached in front of them.[2] When the Inuit occasionally ambushed and killed some of these people and examined them with fearful curiosity, they were amazed that their bodies were just like their own, only more powerful. Perhaps, they said, these people took on human

Nunatoqqami

Nunaqarfimminni kiserngorukkiartuinnarput. Ilaat aallakaapput, tamarmik avannamut, avannamut.

Akuttusinatik qimussit qavannga nalliuttaraat tamarmik taama inoqartigisut, usitigisut. Ilaanni ulliinnararaat, ilaanni qimusserfissanngorserlugu aasisaraat, erinitsakkiartuinnarlutillu imaq atussaasumik sikuniariartoq taamak avannamut, utertoqassanatillu.

Avatakkut kisingajammik uninngasuulerput itsaq inuit nunarsuanni. Inuussutissat naammattut pigaat, ukioq aasarlu tamarmik inuussutissaateqarput, angallaveqarpullu ingiarniunneqarnissaminnik erngumanaateqanngitsumik. Piniagassat nunamiut imarmiullu atisaralugillu nerisaraat taakkununngalu atortussaminnik piffigisarlugit. Soormi taava nuna taamaattoq qimassavaat immaqa nunassaq ajorsarfissaq asuli tikiinnassallugu?

Inuilli tamaani nunaqartut iluanni pinngoriartorpoq erinineq, sumut nalusamut erinineq. Siuaasamik nunaqarfitoqaat qatsukkiartuinnarpaat soorluuku allamik, nunamik namminneq tunngaviligassaminnik pigisaqalissallutik erinitsakkiartuinnartut. Taamaannerminnummi aamma pissuteqarput.

Qangali kujataanit tikittartunit tusaamalersimavaat naggueqatitik taqqavani tasersuit eqqaanni nunaqartut sinerpartertalersut inussuarnit allanit ingiarneqariartuinnaraminngooq. Inussuit taakku sakkugissaartut tamaannga nunap timaannarsuanit aggersuummata timersernik taasarsimavaat. Isikkui allanarnerarpaat: inuinnarnit annerit ilaat timimikkut meqqulissuit, ilaallu timimikkut inuit assigiinnariarlugit qimmisut uppatillit. Makkulu tupinnarnerusimapput saamikkut imminnut atasunik igartallit. Inuit terlinganeerillutik tamakkua ilaannik toqutaqartarsimagamik ersigisorsuugaluarlugillu alapernaannermit misissortarsimagamikkik tupigutsattarsimapput timimikkut assigilluinnarmatik suanganeruinnaqalutik, immaqaakugooq

appearance when they died. They were amazed too by their
weapons that looked as if they were made of stone, not bone,
but were harder and very sharp; they said also that they had
some kind of appendages attached to their ears, and because of
this they were difficult to kill.[3] These stories would hardly have
been credible if evidence had not been brought back.

In the beginning they had tried to fight back. But whenever
these enemies came swooping down on them, yelling loudly and
dodging their arrows, the Inuit would flee to hiding-places known
only to themselves. If their pursuers ever caught them and came
to the settlement, no one would be left alive.

The survivors who had fled to their fellows would alarm them
with their tales. And some of those who heard the tales of the
approach of the "inlanders," would set off for the coast, leaving
behind them their settlement and the hunting conditions they
were accustomed to. Having previously lived on the shores of the
great lakes, they found the game and the hunting grounds very
alien when they began to live on the sea coast. Then they would
set off again to find more familiar territory to hunt; but when
they continued to move toward the north, they would all arrive at
the same hunting place: namely, the sea.

Gradually they became accustomed to hunting at sea, for there
was no other alternative. They acquired a means of transport
they had never had before, the kayak, and a kind of sledge more
suited to their new hunting grounds. In the summer they would
go inland hunting caribou and fishing for salmon in the great
lakes, but their princial hunting place remained the sea. Thus
they joined other Inuit along the coast.

But the fear persisted. Still the flow of newcomers from the
interior continued as they fled from the "inlanders;" and the
Inuit, every time they set off to look for good hunting grounds,
would move further northward without realizing it, the land
changing continuously. The land animals they had hunted before
grew steadily scarcer, but the Inuit did not stop. Who needed the

toqoriarlutik inuttut isikkoqalertarsimasut. Sakkuilu tupigilluinnaqaat saaniunngitsut ujaqqatut isikkoqaraluarlutik manngernerullutik ipissaqqissaakkat, allaammigooq taamatut ittunik siutimik nuuatigut attataqartarput tamannalu pillugu toqukkuminaappallaarsimallutik. Oqaluttuaat uppernartassanngikkaluarput assinginik[4] nassataqartarsimanngikkaluarpat

Pileqqaataani unamminiarlugit ooqattaarimagaluarpaat. Nilliasorsuullutilli pitoratillaraangata inuillu qarsui akulloqquaannarlugit tikilluinnaraangata qimaaginnartarsimapput isertorfinnut namminniinnaq ilisimasaminnut. Tassalu malersortaat angusaqarunik nunaqarfinnullu pigunik kikkuugaluanilluunniit amiakkoqartitsissanatik.

Amiakkuusut naggueqatiminnut qimaasarlutik tikisatik oqaluttuamikkut ersitsatsikkiartorpaat. Taavalu ilaat timersernik aggersunik tusaannarlutik ilaallu ersinerinnarmit avannamut sinerpariartorusaarput nunaqarfisik piniagassaasigut sungiulluakkatik qimaannarlugit. Tasersuit sinaanni nunaqartuugaluit immap sinaani inuunialeraangamik allanartorsiortarput piniagassaasigut angallaviatigullu, taavalu allamut aallaannaaraat piniarfimmik sungiusimanerusaminnik nassaassangallutik, tamarmilli avannamukaramik piniarfik ataaseq tikittaraat, tassa imaq.

Kigaatsumilluaasiillu immap piniarfia sungiukkiartorlugu, allassaasinnaanngimmammi. Siornatigut angallatigisimanngisaminnik qajartaarput angallavittaaminnullu naleqguttumik qimussertalerlutik. Aasakkut tiffararaat tuttunniarlutik tasersuarnilu eqalunniarlutik, piniarfiisali pingaarnersariuarpaat imaq. Taamaalillutik naggueqatitik immap sinaaniittut kattuffigaat.

Ersinerli tassaajuarpoq. Suli taqqavannga timaanillu tikiuttoqararaaq timersernut qimaasunik, inuillu piniarfiginnersiorlutik angalajuartut aallaraangamik maluginngisaminnik avannamut nooriarsimasaraat, tassalu nuna allanngoriartuinnarluni. Nunami nersutit piniakkat ikiliartuinnarput, inuilli uninngillat. Nunap timaa sussa, immap

land? The sea sufficed as a place to hunt, and it would continue
to suffice if they moved northward—to hell with the interior to
the south. They had good sledges to move from one place to
another.

But not all of them did this. Some who had moved to the
coast had adapted to their new land and no longer wanted to
leave it. They were still drawn to hunting the animals of the
interior. The fear of the inlanders diminished. They knew about
them, but they were no longer afraid of them because they knew
the inlanders did not wish to live on the coast. When they met,
they would still fight, however—and occasionally the Inuit would
lose, but sometimes they were victorious.

But there were others who continued northward. There was
something propelling them from the south and something
drawing them northward. What was it that was drawing them
on?

The shamans were at work. Because peace had been found in
this new land, there seemed to be less work for them to do; but
the tales of the newcomers spurred them on to get in contact with
the spirits and fly about through the air as never before. The area
covered by their shamanistic flights grew wider and wider. Thus it
came about that one shaman after another began to tell of having
discovered a great land which could only be reached by crossing a
wide sound: a strange country full of high mountains, devoid of
human beings, where both land and sea were full of game waiting
to be caught. Some of them began searching for places they
would like to settle once they actually reached the great land, not
just by spirit alone. Referring to the tales told by the shamans
who had been there before them, they would tell how amazingly
accurate these (reports) had been.

The number of people wanting to make their way across to the
great land grew steadily and they started looking for a way. The
shamans traveled off to the left, right and center, trying to find
the crossing place, and at last they succeeded. Way up there in
the north, they said, the crossing must be made—further than
any shaman was apt to travel by summoning his spirits. The way
was long but what did that matter—northward, northward!

piniarfia naammappoq, avannamukarutta naammappoq, kujataa timaa isumaminik. Qimussillumi nooriutissaqqeqaat.

Tamakkerlutilli taamaaliunngillat. Sinerparaluarput, nunali tikisartik sungiukkamikku qimanniarunnaarsimavaat. Sulilu timaata piniagassai noqitsipput. Timersernut ersineq minnerujartuinnarpoq. Nalunngilaat, kisianni ersigiunnaarpaat nalujunnaaramikku timersit immap sinaani najugaqarumasuunngitsut. Naaperiarlutik suli akiuuttaraluarput, inuillu ajorsartaraluarput ilaannili aamma ajugaasarlutik.

Kisianni allat, taakku avannarpariartuinnarput. Kujataanit kaamisaasoqarlutillu avannamut noqitsisoqarput. Noqitsisorlu taanna sunaana?

Angakkut sulipput. Nunagilikkaminni eqqissisimaarnermit sulisinnaanerat millisutut ilersimagaluarluni tikiussortut tusartakkallu eqeersarpaat aatsaat taama toornilluartigisittalerlugit silaannakkullu angalaarluarsinnaatilerlugit. Toornillutik silaannakkut tikittagaat annertusiartorpoq. Taamaallutimmi angakkut ataasiunngitsut oqaluttuarniartalerput nunarsuarmik tikitaqarsimallutik ikersuaq ikaarlugu tikittariaqartumik. Nunarsuaq allanartoq qaqqarpassualik, inoqanngitsoq, nunaa imaalu piniagassarsuarnik ulikkaartut. Ilaasa nunaqarfigiumasatik qinereersimavaat qaqugu anersaaginnaanngitsukkut nunarsuaq taanna tikissagaluarunikku. Oqaluttuarisaraat sunaaffa tikitsisut angakkut oqaluttuaat eqqaallugit eqqussusiisigut tupigusuutiginngitsoorsinnaanngisaannik.

Nunarsuarmut tassunga kajumitsallutik ikaarniartut amerlasiartuinnarmata aqqutissarsiulerpaat. Angakkut tamanut tamaanga aallaqattaartalerput ikaarfissamik paasiniaasut. Tassalumiaasiit iluatsitsipput. Avuunagooq avuunarsuaq ikaartariaqarpoq, angakkut toornillutik peqanngittarnerannut missiliuullugu aqqutissarsua sivisoq! Soqutaavali, avannamut, avannamut!

There was no longer fear, only impatience. It was as if for those who had been heading north already the north became even more enticing; and for those who had settled down, their home had become boring. The shamans urged them onward.

Avataq and his family had been accustomed to seeing the stream of people traveling northward all their lives. They still remained in their settlement and were not affected by those who tried constantly to urge them on. They did not believe that the north held out any promise of wonderful things to come.

The core of the family consisted of Avataq and his wife Arnaqa; their grown son Paffik; their grown daughters Pualuna and Pusigaaq; Arnaqa's brother Taarti and his wife and two children; and their adopted son Utsiaq.

Avataq was a shaman. He used his shamanistic powers exclusively for attaining good things, like trying to find the causes for hunting failures, establishing the cause of illnesses, and sometimes fetching back lost souls. Although he saw many things on his shamanistic journeys, he did not talk about them much. Because he rarely made a mistake, he was trusted more than other shamans by the people in the settlement.

He pretended not to pay much attention to those who talked about the great new land, but eventually his curiosity became apparent and he began to feel like exploring the new land himself. Now he also noticed that his family no longer seemed so reluctant to leave their increasing isolation behind; and, although this was never openly said, they were also beginning to feel drawn toward the north. Especially Paffik seemed to be growing more and more restless.

Avataq continued to call upon his helping spirits under the usual pretexts, but in doing so he now had a special goal: namely, to reach the new land. However much he practiced his shamanism, it was to no avail; when he left his body and rose into the air, there would be a great mist; and when he tried to penetrate the mist and travel about in it, he would become confused and have to return to his body. He told his family nothing of this.

Ersineq piunnaarluni erinineq kisimi. Soorlu tassa avannamukaasutoqqani ingalluni avannaa pilerinarsisoq, uninngasutoqqanilu nunaqarfigisat qatsunnarsiartortut. Angakkullu kajumissaaripput.

Avatakkut avannamut ingerlaarnersuaq ilitsoqqussaraat. Suli nunaqarfimminni uninngapput kalluaaniartorpassuarnillu killinneqaratik. Avannaa pilluarnartoqarnissaanik ilimanartoqartinngilaat.

Inoqutigiit qaninnerit ukuupput: Avataq nulialu Arnaqa. Ernerat inersimalersoq Paffik; panii inersimalersut Pualuna Pusigaarlu; Arnaqap qatanngutaa Taarti nulialu qitornaallu marluk; Avatakkut ernersiaat Utsiaq.

Avataq angakkuuvoq. Angakkuussutsili naammaannartumik atorpaa iluaqutissaannarnut, soorlu piniagassat akunnassilersillugit pissutaasunut paasiniaanermut, nappaatisiuinermut ilaatigullu tarnaasornermut. Taama angalasarnermini takusaqaraluaqaluni oqaluttuarumatuunngilaq, kukkujuitsungajaammalli nunaqqataasa angakkortaminnit allanit tatiginerulersimavaat.

Nunarsuarmik nutaamik oqaluttuartartut soqutiginngitsuusaaraluaramigit kiisa alapernaasernera malunnarsiartulerpoq, kajumitsattalerporlu namminertaaq nunarsuaq nutaaq paasiniaraluarumallugu. Maannakkummi aamma maluginiartalerpaa soorluuna inoqutimi kiserngorukkiartuinnarnertik utersigiunnaariartoraat, oqarnerlu ajoraluarlutik aamma avannamut kajumitsakkiartuinnartut. Pingaartumik taanna Paffik soorluuna eqqissivissaarukkaluttuinnartoq.

Avataq nalinginnarnik patsisisissarsiorluni toornisalerpoq kisianni taamaaliornermini nunarsuup nutaap tikinnissaa kisiat siunertaralugu. Toorniuaraluaraangamili ajornaqaaq, timini qimallugu qangattarlunilu iseriassuaq kisimiusaraaq, taamalu iseriassuup iluani angalaaraluarlunilu paatsiveerulluinnaraangami timiminut utiinnaaraaq. Inoqutiminullu oqaluttuassanani.

More and more he felt drawn onward, however. Had the shamans who were trying to reach the new land lied about it? Hardly. Even Tarriva from Naajaat himself, the shaman most respected by his fellows, had spoken of it, and he would never lie, so he believed in the existence of the great land. Could it be that he was not a real shaman himself? The trouble was that he never talked about the goal of his shamanizing and so got no help from his family, thus achieving nothing. So why did he keep it hidden from his family? In one way or another he would reach the new land; and until he had seen things that surpassed what the other shamans had seen, he would not stop.

Fall was approaching and the days were getting shorter although the darkness was not yet really sufficient for shamanistic journeys, so his family was surprised when he told them one evening to prepare for a seance in which he would summon his spirits and go off to investigate the great new land they had all heard of. Naturally his family got right to work.

The whole day Avataq roamed around in the wilds on his own, eating nothing, and sang to Sila,[5] calling on it to assist him in accomplishing his goal:

> Sila, Sila!
> Help me, lift me up,
> disperse the fog for me,
> remove the mists around me,
> Sila, Sila!

When he thought it was dark enough, he returned home. His family had all gathered peacefully in the tent; and as soon as their leader entered, they took their places with bated breath at a distance from him around the sides of the tent. Without saying a word, Avataq studied the interior of the tent; it was still a bit too bright, with light filtering in through the outer tent skin. He pointed silently to the source of the light. Some of the family members went out and raised the outer skin to cover the tent more completely. At last he was satisfied. And when the entrance was covered over with a cured water-tight skin, it was like darkest night within. When he indicated the single lamp that was to be lit, they fetched fire and lit it.

Noqqitsakkaluttuinnarporli. Angakkut nunarsuarmik nutaamik tikitsiniartartut sallunerpat? Ila tassaqa. Angakkoqatiminit tatiginerpaasani Tarriva Naajaarmiu nammineq oqaluttuarsisimagamiuk taannalu sallunavianngimmat nunarsuaqarnera upperaa. Namminermi angakkuiugaluarnerluni? Uffami, ajoqutaaginnartoruna toornigaangami siunertani oqaatigineq ajoramiuk taamalu ilaminit ikiorneqarnani angusaqarneq ajorami. Soormi inoqutini isertuutiinnassavai? Pinngitsoorani nunarsuaq nutaaq tikinniarniarpaa, angakkullu allat takusimasaat akimorlugit takusaqartinnani taamaatinnianngilaq.

Ukiassalerluni taarsilaartalersoq suli iluamik toorninissamut taaq naammaleqqajanngikkaluaq inoqutini tupigutsatseqalugit oqarfigai unnummut piareersaqqullugit toornilluni nunarsuaq nutaaq tusaamaannagartik misissoriartorniaramiuk. Taannaqa ilai pikkuserput.

Avataq ulloq tamaat nerinani asiarluni angalaarpoq kiserliorluni inngerlunilu SILA qinnuigalugu iluatsitsisinnaateqqulluni:

      SILA SILA
      ikiunnga, qangattaannga,
      pujuersissunnga,
      iseriaajaatinnga,
      SILA SILA

Taarsinera naammagileramiuk tuperminnut angerlarpoq. Inoqutai tamarmik tupermi eqqissereersimapput, ittortillu isermat pissangaqalutik toqqup killinganut alimaarlugu inissititerput. Avatap oqarani toqqup ilua umerualaarpaa; suli qaamavallaatsiarpoq. Oqarani akisugusimanerit tikkuartorpai. Ilai aniapput toqqup silataanit qalerai qallersoriartorlugit. Kiisami naamagilerpaa. Toqqullu umia erisaamik panerluinnartumik qallerneqariarmat soorlu tassa unnuami taggarissuaq. Qulleq ikittariaannaq tikkuarpaa, tamaanngalu innerseriaramik ikippaat.

As soon as Avataq had taken his place near the entrance of the
tent, Paffik placed a flat rock beside him, just beyond his reach,
and then put the drum and drum-stick on it. He was a bit
worried that the drum might not sound just the way it should;
the adjusting of the drum-skin tension was his responsibility and
he had worked hard trying to get it right. When Paffik had
finished, Taarti stepped forward carrying a rope with which,
going behind Avataq, he bound his arms behind his back, tying
them right up to the elbows. Avataq started to sigh and groan,
no doubt in pain because the rope was tied so tightly. His sighing
was the only sound to be heard. When Taarti was through, he
put out the lamp on his way back to his place, and the interior of
the tent became completely dark.

As soon as the lamp was extinguished a high, tremulous voice
was heard: it was his (Avataq's) wife's voice. When she began
singing, other voices were heard joining in all around—different
voices, women's and men's blended together. Now and then a
single voice would be heard alone, after a moment joined again
by the others.

Then a sound was heard near the entrance of the tent. It could
be recognized as the drum-stick beating against the drum; and the
drum had a beautiful ring to it. Hearing this, Paffik was
delighted and stopped singing, just listening to it; but when his
neighbor nudged him, he joined in again. The sound of the drum
grew clearer and clearer and the beating of the drum-stick
became faster; repeatedly it sounded as if it were rising up into
the air, then coming down again a moment later, seeming to be
way off in a completely different direction. Strange sounds began
to approach outside the tent and move around it as if searching
for a way to enter. And suddenly there came a loud noise from
the skin over the entrance which began to flap about as if shaken
by the wind. At this, the singers altered their song and raised
their voices as if inviting whatever it was that was trying to get in
to enter. As soon as the sounds outside seemed to be going
farther away, the singers lowered their voices and started singing
something else, as if begging the parting one to stay. Then the
drum grew louder and could be heard moving about restlessly all

Avataq inissaminut toqqup umiata paavanut ingittorlu Paffiup ujarak saattorsuaq saniatungaanut inorsisungalaaginnarlugu ilivaa kingornatigullu qilaat katualu qaavanut ililugit. Qilaat imanngarlussasoralugu annilaangakujuppoq nammineq qilaatip tasimmarissuunissaa suliassarisimagamiuk peqqissaaqalunilu suliariniaraluarsimallugu. Paffik naammassimmat Taarti avalappoq allunaamik nassarluni, Avatarlu tunungeriarlugu talii tunummut pisippai allunaarlu tigumiani paffiinut qilersuutilerlugu ikusii tikillugit. Avataq nimaartutut anersaamisarpoq, qularnanngitsumik nimit sukangavallaarnerat anniaralugu. Anersaamisarneralu kisimi nipaavoq. Taarti inerami inissaminukaatigaluni qulleq qamippaa, toqqullu ilua taartuinnanngorpoq.

Qulleq qamittorlu tamaannga nipi qataatsoq sajukulaartoq appippoq, tassa ningiuata erinaa. Inngerluni aallartimmat tamanit tamaannga ingiuisut tutsiuttalerput, nipit assigiinngitsut, arnat angutillu nipaat akuleriissut. Ilaanni nipi ataasiinnaq tusarsaaleraraaq tassuugunngortorli ingiorneqalissalluni.

Taamaalluni toqqup umiata eqqaani pisorpalaartalerpoq. Nalunaatsussusia[6] katup qilaammut tuttarnera, asulu qilaat imernaallarippaloqaluni. Qilaatip nipaa tusaramiuk Paffik nuannaajallannermit inngerunnaarluni tusarnaaginnaleraluarpoq, sanilimili tinnillarmani ingialluuteqqiinnarpoq. Qilaatip nipaa erseqqissiartorpoq katuatalu tuttarneri akulikilliartorlutik, tamaanga soorlu ikerinnarmut qullarpallakkaangami apparpallattaraaq tassuugunnguaq allamorujussuaq perpallassalluni. Nipit eqqumiitsut toqqup silataanit qanilliartorpalulerput tuperlu kaavillugu soorlu iserfissarsiortut. Aarimmi toqqup umia titeqqulullunilu anorimit issulittutut nipeqartalerpoq. Taamaalisillugu inngertut nipitik allanngortillugit nipitunerusumik inngileraraat soorlu sumik iserniartumik iseqqusaarigaluartut. Nipit qimaguppallakkiartulersullu inngertut nipikillisaraat allamillu erinnerlutik, soorlu sumik qimagunniartumik uninngaannaqqusillutik qinorpaluttut. Taamaalluni qilaat uniffeeruppalulluni tamanut tamaannga aallaqattaarluni nippalluarniariartoq anorip uinngiulaneratut

over the place, and a whining sound like the wind came from the
ground outside; strange noises grew louder and louder out there
and the singers' voices sounded now tearful, now wailing, now
laughing, as if they were no longer aware of what they were
singing. The whistling grew stronger and stronger in sudden
gusts, the entrance of the tent shook ever more violently, and
suddenly it was as if a great gale had swept down. The skin over
the entrance flapped about as if it were open and the whole tent
were being lifted up by the wind, carrying everyone inside up into
the air. Paffik gave a start as if awaking from sleep; it was pitch
dark and every sound inside and outside of the tent, either of
singing or drumming or of anything else, had ceased, as if
suddenly blown away.

Then an exhausted voice spoke: "Give him some light." At
these words everyone seemed to return to life. Avataq was sitting
in his place just as before. His arms were still tied behind his
back, his body was streaming with sweat, and his hair hung
loosely over his shoulders. The drum and drum-stick were in their
place. To Paffik it seemed that many days must have passed
since the beginning of the seance, and when he looked about him
everyone looked weary.

Taarti stepped forward and untied Avataq. Although everyone
in the tent was eager to ask questions, they waited for him to
speak; but Avataq seemed to remain silent on purpose as he
slowly rubbed his hands and wrists which had become numb. He
wiped his streaming face and pushed his hair back into place.
Finally he whispered softly, "I reached the great land—ah, ah."
Then suddenly he burst out as in song:

> I reached the great land
> crossing the great sea.
> The fog below beginning to sink,
> the clouds in the heavens beginning to disperse,
> what was this I saw rising from the sea?
> The great land, a joy to behold!
> For here were islands stretching out into the distance
> and a white glistening beyond the fjords.

nipilik nunaannarmit toqqup avataanit nalliuppallappoq; nipit eqqumiitsut sakkortunerullutik silaannarmi nippapput, inngertut qiasutut nimaartutullu illartutullu nipeqarlutik appipput, soorlu inngerutimik suussusiinilluunniit sianigisaaruppallattut. Uinngiulaarneq sakkortusiartorpoq soorlu anoraasuaq tikilasalersoq, toqqullu umia issulillualerianngualdartoq tassanngaannaq anoraasuarsuarlusooq tikilarpaluppoq. Toqqup umia ammartutut issulippallappoq, soorlu tupeq tamarmi anorimit kivinneqartoq isersimasullu tamarmik qangattaasaallutik. Paffik tupaatorpoq soorlu sininnerminit itertoq; taggarik, suna suna nipinnguassaa toqqup iluani silataanilu, inngerpalummik, qilaatip nipaanik allamilluunniit nipiusinnaasumik taamak tusarsaasoqarluinnanngilaq.

Taamaalluni nipi qasorpaloqisoq oqarpallappoq: qaammaanniarsiuk. Oqarpallattoqarmat soorlu aatsaat tamarmik inuunermut utertut. Avataq issiavimmini issiavoq iniminit aalariarsimanani. Suli talii tunummut qilersuussimapput, timaa aalamit kuuttuinnaavoq nujai qilerutaarussimallutik tuiisigut samunga ningillutik. Qilaat katualu iniminniipput. Paffik isumaqarpoq toorninerup aallartinneranit ullorpassuit qaangiusimasut, asulumi qiviakkat tamarmik qasoqqaqalutik.

Taarti avalappoq Avataq qilerussaajariartorlugu. Isersimasut taama aperiumatigigaluarlutik oqarsiiginnarput, Avatarli soorlu piaaraluni oqarnaveersaartoq arringillarlunilu assani paffinilu misigiunnaarsimasut tagiartorusaalerlugit. Kiinni kuuttuinnaq allarterpaa nutsanilu tunummut iluarsaallugit. Kiisami isussuusaannarluni oqarpoq: tikippara nunarsuaq, aa, aa. Taavalu tassanngaannaq inngertutut nipinilluni appippoq:

Tikippara nunarsuaq
ikaarlugu imarsuaq.
Pujorsuaq samuuna kivitsilerluni
qilammi nuiarsuit akullalermata
sunaana manna soorlu immamit nuileqaa:
nunarsuaq, takullugu alianaassuaq.
Qeqertat massa samungaannaq nungujartuaat,
kangerluit pavunga qillarissiartuaat.

The land itself was as if under a cover of ice,
only the coast being free of snow.
I saw tall mountains above the shores of the fjords—
what a glorious sight—
the sun shining down on them. Then I saw:
over there where the tips of the mountains glowed
pink,
their flanks a bluish tint,
beneath them the land was streaked with color;
in the still waters of the fjords
the reflection of the mountains, how wonderful!
Here to the west a string of islets
where shoals of seals poked their snouts up.
And here were whales, some asleep on the surface.
Everywhere, above and below, on the islands and the
mainland
countless flocks of birds.
Behind the fjords caribou were grazing
and hares and foxes pranced about.
All that could be heard was my breath,
my spirit speaking:
Only a small part of it can you see now;
this great land is to be yours,
the land of your people, no one else's.
Hurry, enter it,
down in the south others are trying to settle it.
If they've established themselves there already, force
them out,
for this is your true land for all time.

––––––––––––––

The fog gathered round me once more,
here the first journey had to find its end,
but we shall undertake a new one, starting right
away!

Nunap timaa apussuarmik soorlu ulilik
sinaali kisianni aputeqarnani.
Kangerluit sinaanni qaqqat portusoorsuit
isigalugit—tassa alutorivillugit—
seqineq qinngulerpog. Kiisalimi takusaq:
avuuna qaqqat nuui aappilatsiterlutik,
tamakku uingarni tungujorteqalutik,
ataani nunat qalipaatininnguaramik;
kangerluit imaanni qatsungaruloortumi
tamakku qaqqat tarranikkamik alianaak!
Tamaana kippasissumi qeqertaraartumi
misararaat puisit, makku amisorsuit.
Tamassa arferit, ilaat sininnguararaat.
Pavani, samani, qeqertani nunamilu
ingasavipput timmisut amerlasassusii.
Kangerluit timaanni tuttut nerisorsuit,
ukallit, terianniat pangallukaartaraat.
Suna nipi, nipituaasoq tassa uanga anernera.
Anernera pilerujoq:
Ilamininngua takuat maanna;
nunarsuaq tamanna tassa pissarsi.
ilissi—allat pinnatik—nunassarsi.
Tuaviorlusi iserfiginiarsiuk,
qavannga aallareerput allat nunasiniat.
Pereersimappata aniatissigik,
ilissi tassa qaqugumut nunavissarsi.

Matugujaanga kingumut pujorsuup,
angalanersuaq siulleq killeqarpoq tassunga,
angalanersuaq nutaaq pilissavarput maannamiit.

1) The author has incorporated into his evocation of the Eskimo migrations into Greenland the theory of Birket-Smith and Knud Rasmussen, popular at the time, of the inland (Canadian) origin of the Inuit. Although later theories have replaced it, this in no way detracts from the poetic sweep of the narrative.

2) These are all beings found in the Greenlandic legends, probably reflecting contact with Indians (or earlier Dorset Eskimos).

3) The reference is presumably to amulets.

4) Literally "images of them."

5) The weather, the natural environment, personified in the Eskimo "pantheon" as a powerful spirit.

6) Alternative for *nalunaatsuussusia* or *nalunaassusia*.

Igimarasussussuaq

(as told by Jaakuaraq of Nuuk)

This legend about the ogre who had the objectionable habit of eating his successive wives takes us back to the dawn of prehistoric Eskimo times. The story is part of the common Inuit oral tradition and is known not only in Greenland but also in Canada and Alaska. Because of its odd subject matter, it is somewhat more difficult to read than "Pukkitsulik," but stylistically it displays many of the same archaic traits. When reading these old legends, one must bear in mind that they are essentially oral performances, kept alive in the minds of storytellers until recent times in Greenland. However, they are removed in time and setting from the audience for whom they were originally intended: an audience much more familiar with the specific cultural background and repeated story lines than today's listeners. Occasional obscurities may occur for this reason. Of course, we also lack the intonational dimension to help clarify the syntax. This version, gathered by Knud Rasmussen, dates from the beginning of this century.

It is told that Igimarasussussuaq frequently lost his wives. Each time he married a new wife he would lose her. Before a year had passed, he would lose his wife; then he would go at once lamenting to the wife's relatives.

One time, having lost another wife, he wanted as his new wife a woman called Masaannaaq, the only woman amongst the men living in the region to the north, so he went to their place and tried to get her. Thinking that he was a decent sort of person, the men gave their only woman away to him.

When Igimarasussussuaq arrived home with his new wife, he did not order her to fetch water or do other chores because he loved her dearly. As one might imagine, Masaannaaq led a pleasant life and gradually got fatter and fatter. Eventually she could no longer bend properly because she was so fat. When her husband forbade her even to go outside any more, she did nothing but eat.

Although she had become really fat, her husband would feel her before going off hunting in the morning and simply say:

"Still not enough!"

Gradually Masaannaaq began to suspect that he was feeling her to see how nicely she was fattening up, as he was doing it more and more frequently. Once, as usual, he felt her and said:

"Still not quite enough!" Then he left.

As soon as he was gone, Masaannaaq quickly prepared to escape and stumped off clumsily, leaving two lines of footprints opposite each other,[1] for she was so fat that she could not even walk in a normal way. She wanted to reach her male relatives, but by the time she came near their house it was already late. Because she began to expect that her husband might show up, she looked around for a hiding place—he was sure to look for her. Still stumping along slowly, she noticed a trunk of red driftwood that had been washed ashore; it was long and wide. As she passed it, she realized that her husband would catch up with her

Igimarasussussuarooq-una nuleerajoqaaq. Nuliarniaraangami
iikasingaasiit nuleeraraaq. Ukiorluunniit naanngitsoq nuleersarami
nuleerlunilu nuliamilu ilagisaanut upikkiartorluni.

Ilaanniaasiit nuleerami anguterpaat avannarlimik arnartatuaat
Masaannaamik atilik nuliarserilerpaa. Anguterpannullu iserpoq
piniarlugu. Angutitaasa iluamik pisuusoralugu arnartatuartik
tunniuppaat.

Igimarasussussuaq nuliartaani ilagalugu angerlarami
asangaaramiuk imertaqqunngilaaluunniit sunnguamillu
saqeqqunagu. Taannaqa Masaannaaq inuullualerpoq,
kigaatsumillu puallariartorluni; kiisa iluamik peqinneq ajulerpoq
puallangaarami. Uersuarmi silamulluunniit aneqqujunnaarmani
nerrilluartuaannaq kisiat pilerpaa.

Massa puallaruttoriannguallartoq uersuata ullaakkut
aallassagaangami nuliani sattaariarlugu allamik oqaraanngilaq:

"Suli amigarputit!"

Kigaatsumillu Masaannaaq pasitsakkiartorluni
pualanersiortarluni akulikilliartuinnarmat. Ilaanniaasiit
satseriarlugu oqaqaaq:

"Suli amigatsiarputit!", aallarlunilu.

Aallaqqaataani Masaannaaq pikinasuarami qimaassalluni
aallasallappoq akileriinnik tumilik, assut tassa pualanermit
iluamik pisunneq ajulerami. Angutitami illuat tikikkumallarlugu
pallikkaluarlugulu ualissuppallaaleqimmani uersuarmi tikinnissaa
pileramiuk ujanngissanngimmani toqqorfissaminik qinerlilerpoq.
Suli ingerlarusaarniarluni ilaanni tikeriallaramiuk qisussuaq
pingersuaq tipisimagami, takissusia silissusialu.
Qaangeriassagaluaramiuk suli illortik tikitsinnagu uersuarmi

before she reached the house and so she began to repeat a spell
to the trunk, not really believing it would work:

> Tree-trunk
> of red drift-wood,
> crack in two,
> split apart,
> open wide!

The trunk began to produce a cracking noise; then it split wide
open. She jumped into it after it had cracked open and cried
out:[3]

> Tree-trunk
> of red drift-wood,
> close up,
> close up,
> close right up!

The tree-trunk began to close up, then snapped shut. Although
she was deep inside it, she could hear her husband's footsteps
clearly, along with these words:

"How annoying that I didn't kill her at once. Although she was
fat enough, I wanted her a little fatter still—I should have guessed
she had hidden powers!"[4]

As he reached the tree-trunk, she heard him say, "Her tracks
stop here!"

He could be heard searching around for a stone to use as a
wedge; then came a sound of something being rammed into the
trunk. From within Masaannaaq cried out:

> Tree-trunk
> of red drift-wood,
> grow hard and firm,
> grow hard and firm!

As soon as she had done this, he struggled to split the trunk
open, saying: "Although it's started to split, it's really hard
getting any further!"

angussammani asuliinnaq qisussuaq serralerpaa oqaluffigalugu:

> Qisussuaq
> pingersuaq,
> qupiit,
> sipiit,
> sissaajakkulassuaq![2]

Qisussuaq seqquluttaleriannguallarluni qupisorsuanngoqaaq. Quperiallarmat iluanut isillaatigaluni oqaaseq peersuatsianngorpaa:

> Qisussuaq,
> pingersuaq
> mamiit
> mamiit.
> **Mammiiliakulassuaq!**

Qisussuaq mamikkiartorami mameratannguarpoq. Massa iluaneeruttulersoq uiata tumaarpalua ersinnguarsinnarmioq oqaatsini illugalugu:

"Uuminaqaaq ernerlugu toqunniannginnakku; massami pualanera naammalereersoq ilalilinnguaqaara, massami imaannaanngitsukasik!"

Qisussuaq tikippallariarlugu aamma oqarpallaqaaq: "Tassunga tumai isoqarput!"

Qussaatassarsiorpaloriarluni qisussuaq qussarpaluinnaleqaa. Iluaninngaanniit Masaannaap oqaaseq peersuatsianngorpa:

> Qisussuaq,
> pingersuaq,
> sisaat, sikaat,
> sisaat, sikaat!

Taamaasiornialeriartoq qussaasorsuulluni oqarpallaqaaq: "Qupiartuleraluarami uanimi qussiilligujoq!"

After laboring in vain this way, he spoke again: "Tomorrow I'll bring a wedge and split it open. Now it's too late in the evening."

She stayed for a long time there inside the tree-trunk after she had heard him leave; but when she calculated that night must have come, she cried out from within:

> Tree-trunk
> of red drift-wood,
> split apart,
> crack open,
> split wide apart!

And once again the tree-trunk cracked open. When it had done so, Masaannaaq jumped out and tried her best to reach the house of her male relatives. By the time the moon was out and shining brightly, Masaannaaq at last entered the house. Once inside she told them:

"I was almost eaten! No wonder Igimarasussussuaq can't keep his wives—he eats them all!"

After she had told them this, the men said to her, "He's bound to come around lamenting as usual. When it looks as if he's going to show up, you must hide yourself!"

When it was time for her husband to arrive, they put Masaannaaq under the floor stones in a space they had dug out underneath. The day was well advanced when at last Igimarasussussuaq was heard outside. As he came in they heard him say:

"Poor me, I'm just not able to keep a companion—once again I have lost a wife!"

He complained bitterly as he entered. As soon as he had sat down, the men spoke to him: "Alas, those who must die must die."

Pigaluallaramiuk taamaalluni aamma oqarpallaqaaq: "Aqagu qussaatassarsioqqaarlunga qussarnaara.⁵ Massakkut unnoreerpoq."

Qimappallallarmani imunga tassani qisussuup iluaneereerami kisianni unnuarorunnarsimmat iluaninngaanniit oqaaseq peersuatsianngorpaa:

> Qisussuaq,
> pingersuaq,
> sipiit,
> qupiit,
> sipiiliakulassuaq!

Asumiaasiit qisussuaq qupilinnguarsinnarmioq. Qupillarmat Masaannaaq aniitigaluni tamavikasiat angutitaminut apuunnialerpoq, qaammarlualersorlu kiisaana Masaannaaq angutitaminut isillartoq. Iserlunilu oqaluttuutilerpai:

"Nerisaaqqajaqaanga! Taannaqa Igimarasussussuaq nuliaqarneq ajorpoq, sunaaffa nuliani nerisarisorsuugamigit."

Oqalualaareersorlu angutitaasa pilerpaat: "Tassaluaasiit upikkiartunngissanani. Naapertornarseriarpat toqqorniarna!"

Uersua naapertornarseriarmat Masaannaaq natsisit ataannut assaateriarlugu naqqup iluanut isertippaat. Massa ullororsimalerianngualllartoq asumi Igimarasussussuaq silatangiuterpallaqaaq. Iserterpalulerami oqaatsini illugalugu:

"Uangakasik ileqqorigakku aappaqarneq ajortukasiugama; nuliinnguarnarujoq!"⁶

Upittorsuulluni isilerpoq. Isillarmat issialersorlu anguterpaat oqaluffigilerpaat: "Ajornaqaaq, toqusussat toqusassapput."

Trying to distract him from his lamentations, the men said to him: "Entertain us by doing one of your drum-dances."

When they said this to him, he acquiesced[7] and after a while began getting into his drum-dance. He gradually got more and more lively. And when his dancing had reached a giddy climax, some of the men burst out reproachfully:

> "Igimarasussussuaq
> eats his wives as meat!"

Igimarasussussuaq retorted, "Who says so?"
And the men replied:

> "Masaannaaq
> says so!"

Igimarasussussuaq denied it and tried to leave immediately. But as soon as he stood up, the men called to their relative: "Masaannaaq, come out and take your revenge!"

As they shouted this, Masaannaaq pushed up the floor stones on her back and out she came. The men caught Igimarasussussuaq as he tried to escape and killed him. So this was the end of Igimarasussussuaq who pretended that he had lost one wife after another.

Aliasoraartuinnarsuaq sanimut saasarlugu ilaasa pilerpaat:
"Suilaarsarluta ileqqunnguit atorlugu tivarusaartarniarit."

Oqaluffigileriarmanni maangaannaq ilisorsuanngoqaaq.
Tassuuguinnaq asuuna tivarujoortalillartoq; naami
piitangeraluttuinnarpoq. Piitangerniariartoq tivaleriallarmat illup
inuisa ilaasa appiutiinnaqaat:

"Igimarasussussuaq,
  nuliaminik neqilissuaq!"

Igimarasussussuaq oqaannaqaaq: "Kina taama oqarmat?"
Ilaasa aamma appiuteqaat:

"Masaannaaq
  taama oqarmat!"

Igimarasussussuaq misiartuatsianngorpoq, katsoranilu
arritsalillarluni. Nikuikkaluttuaannallarmat angutitaasa
arnartatuartik suaaqaat: "Masaannaaq, anillutit
akiniarniarniarit!"

Suaarniariarmata natsisit amaannarlugit eeq
Masaannaannguakasik tassa animmigami, katsoranilu
Igimarasussussuaq anigaluttuartoq anguterpaat tigguteqaat
toqullarlugulu. Igimarasussussuunngooq nuleerniisaarniataarluni[8]
naggatiginnguarujaa.

1) Because every other pace would bring one of her feet up level with the other.

2) The stem here is *sissag*—"yawn wide" and, as with *mamit-*"heal/come together (e.g., a wound)" in the next verse, the rest of the word is obscure, as befitting old spells (-*kulassuaq* is "clumsy great -" however).

3) Literally "removed/ejected the word."

4) *Imaannaanngitsoq* is literally "one who isn't just any old how (i.e., ordinary)," and is often used in the legends about someone with magic powers.

5) The postbase *na* is here contracted with the transitive indicative mood in expressing futurity (not usual in the modern language).

6) Note the use of third person endings with postbase *nar*, "be such as to," to refer, diffidently, to the first person (here combined with postbase *gi*, "and so/again," which becomes *gu* before special indicative mood forms like -*joq*).

7) Literally "put himself just over here," i.e., passively did as he was told.

8) Older alternative form for *nuleerniusaar (-niataarluni)*.

Umiarsuup Tikinngilaattaani[1]
Just Before the Ship Came In
Chapter 1

Hans Anthon Lynge

This extract is the opening of an unusual contemporary work from 1982, the second novel by Hans Anthon Lynge, the present chairman of the Greenlandic Author's Union. It is an amusing, curious book which contains a considerable amount of colloquial dialogue colored by the northwest (Disko Bay) dialect. The book was written in the new orthography which, unlike the old one, can be easily modified for local dialect. The action, a string of loosely interconnected episodes, is compressed into a single day in a northwest coast fishing town; we follow a number of eccentric, but recognizable, characters toward a grotesque denouement. There are certain difficulties for the reader, more to do with content than actual language. The author seems to have an eye for new directions in contemporary literature: the plot is subordinate to the detailed descriptive "vignettes" that comprise the work. However, the setting and the humor can be said to be thoroughly Greenlandic. This book holds promise of interesting developments for Greenlandic literature in the future and deserves to be translated in its entirety.

Along an almost deserted street, a Dane walked toward the shore carrying a brand-new outboard motor. When he reached the shore, he carefully placed the motor on a rock, released the mooring rope that connected his new boat to the land, and began to pull the boat shoreward. He pulled it in smoothly until the rope snagged on a stone projecting out of the water and went taut. Cursing silently, he began to exert himself, staring at the rope, not realizing it had become wedged. It had in fact started to come loose from all his tugging. He decided he'd give the rope a final jerk before taking a rest, and pulled it toward himself with a cry of "heave ho!"—and because the rope was loose now, he went flying backward and knocked the back of his head against a rock. Although the fall was painful, he did not seem to be injured so he picked himself up and glanced around to see if anyone had been watching. Satisfied that he hadn't been seen, he turned back to his boat and saw that it was about to bump into him, riding in on a wave. Although he scrambled to avoid it, the bow rammed him in the balls. It hit him so precisely that he could barely gasp for breath. He bent over and held on to the gunwale of the boat as he struggled to regain his breath.

After recovering, he moored the boat to the rock, picked up the motor and carried it carefully down to the boat, trying hard not to fall. What a sight it was each time he took a cautious step over the slippery fronds of seaweed brought in by the tide! He looked like a person trying to move a little child into bed from a chair where he had fallen asleep. Very slowly he got his load to the boat, put it in, made sure it wasn't going to fall, and got in himself.

As soon as he was in the boat, he shifted the motor to the stern and then carefuly examined the mounting there. He tried to estimate by sight as closely as possible half the width of the stern; when he thought he had determined the spot, he felt in the narrow hip pocket of his trousers for the carpenter's pencil he'd put there; then he drew it out between index finger, middle finger and thumb and marked the position he had estimated. Without watching what he was doing he stuck the pencil back in its place.

Aqqusinikkut inuisaqisukkut qallunaaq aquuteralammik nutaggarimmik nammalluni sissap tungaanut ingerlavoq. Sissaq tikikkamiuk mianersortunnguamik aquuteralattaani ujarassuup qaanut inissippaa, umiatsiartaamilu pitussimasami amuartaataa pituussaaramiuk amualerlugu. Amuartaanni amuarlualeruttorlugu ujaqqamut immamit nuisalaartumut kanngimmat mannginaartuatsianngorpaa. Isummamigut oqaasipiluttuinnaalluni taannaqami assoruulerpoq. Amuartaanni kisiat nakkukkamiuk kannginnera sianiginngilaa, sunaaffa nusukaaneranit kaanngartoq. Isumaliullaataa qasuersertinnani naggammik nusupiloorniarlugu aarit hejho nilliutillaataa amoriarpaa—oqinaangaaramiuk tunummut niverpoq tunusummigut ujarassuarmut tulluni. Anneraluaqaluni ajoquserunanngimami ulapiinnaq nikutserpoq eqqanilu isiginnaartoqarnersiorlugu qinerluataaqalugu.
Takuneqannginnami umiatsiartaani qiviariaqaa taavaana kaassalilluni apulerani, tuaversoriaraluarpoq aamma siuata issuisigut aportupiluuaa. Eqqortilluaqigami ilummuuginnangajappoq. Peqiutigaluni umiatsiani quleruaatigut tigullugu arngajuerseqqaarallarpoq.

Iluarsigami umiatsiami pituutaa ujarassuarmut pituppaa aquuteralattaanilu tigusinnarlugu kissumiarlugu umiatsiartaaminut mianersoqaluni aqqutilerlugu quaannaveersaavissorluni. Qeqqussat ulinnerup tipitissimasai equuterasaaqisut arriitsuaqqamik tummariartoraangamigit asseqarneq ajorpoq soorlu meerannguamik nukangasumik issiavissuarmi sinilersimasunik siniffianut nuussiniartoq. Aarimmi pilluni pilluni kissumiakki umiatsiami iluanut ilivaa uppinnaveersikkamiullu nammineq ikilluni.

Ikiniariutaa aquuteralattaani umiatsiap aquanut nuuppaa aquanilu nivinngarfissaa misissuataaqqaarallarpaa. Sapinngisaminik umiatsiap aquata silissusiata qeqqa isaannarminik naleqqersorniarsaraa, paasisorigamiullu qarlimmi siffiaasa kaasarfiat amilimasoq sanasut aqerluusaannik ilitsivigisartakki satsippaa, taava tikini qiterlini kullunilu mannguppai aqerluusanilu amugamiuk naleqqersukki titarpaa, maluginngilaalu aqerluusani kingumut inaanut iligamiuk.

He turned back to the new motor, lifted it by the grip, and fixed it firmly in position. He had concentrated very hard on fixing the motor in place, a very tedious job, and then he suddenly noticed he'd put it in facing the wrong way with the propellors hanging down inside the boat. Without even laughing at himself, he grabbed the motor's grip and raised it, adjusting its position so that the propellors now were on the outside of the stern of the boat. Well, now the position was correct, but then he noticed that, unlike other outboard motors, these propellors didn't go down into the water but rested some way above it. He didn't even think to tighten it but simply stared at the motor, imagining perhaps that it would fix itself in the right position if he stared at it.

A fellow Dane appeared around the edge of the new warehouse on his way to the mooring rope of his own boat. When he saw his fellow countryman in the boat staring motionlessly at his outboard motor, he stopped and shouted "good morning" to him. When the other man returned his greeting, he asked what he was doing. The man replied:

"This new outboard motor of mine, its propellors are out of the water. Why should that be?"

"Oh, don't worry, just wait until high tide; then they'll be below the water."

"Thanks, now I can relax."

The fellow Dane pulled his boat in to the shore, got in, and after a while set off into the good weather. The man waiting for high tide thought the other fellow a lucky beggar and watched until he had become invisible from the shore; when he had disappeared, he sat back comfortably at the stern of his boat, completely at ease.

At a quarter past seven Mattarsuaq came out of her house carrying a bowl to the rubbish dump. Reaching the dump, she stopped, lifted the bottom of the vessel with the fingers of her right hand and poured it out, employing the disposal method

Aquuteralattaani saakkamiuk tigummivia tigullaataa aquanut sukanniarlugu inisseriarpaa. Ikkunnissaa nakkutiginermit ikkunniarneralu ilungersunarpallaarigamiuk periaqaa killormununa saatittoorsimallugu sarpii umiatsiap iluatungaani nivinngartillugit. Imminulluunniit illaatiginngilaq, aquuteralammilu tigummivia tigullaataa kivikkamiuk iluarsivaa sarpii umiatsiap aquata silataanut inissillugit. Aarimmi ikkuttarfia iluarluinnaqaaq, kisianni takuleriarpaa aquuteralaat allat assigalugit sarpii ammorluinnaq inissinngitsut, immap qulaannarsuaniillutik. Sukannissaa eqqaanngilaaluunniit aquuteralattaani taannaqa nakkutilerpaa, isumaliorunarluni nakkutiinnarlugit inissinnissavimmissut inissikkumaartut.

Quersuartaap teqeqquanit qallunaaqataa uiallasaarpoq namminerlu umiatsiami amuartaataa ornillugu. Qallunaaqanni takugamiuk umiatsiartaamini nikissanani aquuteralattaani nakkukkaa suaarlugu kumoorpaa. Akimmani aperaa sunersoq, akivorlu:

"Aquuteralattaara aajuna sarpii immap qulaaniipput, soormitaavaana?"

"Aa, eqqissillutit ulinnissaa utaqqiinnaruk ulippat immap iluaniilissapput."

"Qujanarsuaq imaallaat eqqissisimaassuunga."

Qallunaaqataata umiatsiani sissamut tulatsikkamiuk ikivoq, kinguninngua silagissuarmut aallarpoq. Ulinnermik utaqqilersup nuannaartorerpaseqalugu timaanit tarrinnissaata tungaanut nakkuppaa, tarrimmallu umiatsiami aquanut ingilluartiterpoq eqqissiffaarilluni.

Arfineq pingasunut tanneq pingasunngulersoq Mattarsuaq illuminit anigami kueraavik attanut ingerlappaa. Attat qaannut pillunilu unilluni kueraaviup nataava talerpimmi inuaanik akkerpaa anitseriaaserlu kinguaariippassuit pigiliussimasaat

used by generations before her for suddenly tipping out the contents of bowls, chamber pots or wash tubs, slopping it all at one go. The watery contents, taking on in the air the appearance of seaweed splaying out like embroidery[2], landed almost together. Holding the vessel upside down, Mattarsuaq removed the sludge at the bottom and then turned back. As she did so, she noticed the Dane sitting peacefully in his brand new boat. What's that guy down there up to, she wondered; he looked as if he didn't have a care in the world. After she had watched him for a while, he looked up toward her, at which point she turned away and went back to preparing coffee for her husband. Putting her hand on the door frame just before entering the house, she looked back once more and saw that the man was still in the same position staring up in her direction. He reminded her of the old bachelor waiting for women throwing out slops to turn and look his way.[3]

She looked away and went into the house. Going over to the stove she moved the kettle, which had begun to boil away, so that it was just half on the ring; then she filled the coffee pot's belly with three and a half spoonfuls of coffee.

Her husband Essikiarsi sat at the table listening to "Thoughts for the Day." He had his pipe clenched between his teeth; he had already chopped up some thick tobacco, using the folding knife which he was putting into his pocket, ready to stuff it into the pipe, when he suddenly blew through it several times, producing a whistling sound.

Pointing out the window, Mattarsuaq spoke to him: "I wonder what that Dane down there by the shore is up to, sitting there so peacefully with his outboard motor raised up."

Her husband glanced up at her but didn't answer at first; then suddenly he replied, "Maybe he's waiting for the tide."

Niisi tried to waken his son. Malakinnguaq, his son, gradually waking up, cleared his throat; because his eyes were full of sleep, he only opened them after rubbing them with the back of his hands.

kueraavimmik qorfimmik errorfikumilluunniit tassanngaannaq ulikartitsineq imaanik ataatsikkut nakkartitsisoq atorlugu kuivaa. Imaa imerpalasoq silaannarmi amilimasutut qeqqussap nuilaqutingasup pissusiatut pissuseqariarluni ataatsikkungajalluinnaq tuppoq, Mattarsuullu kueraavik ammut saatilluinnarsimallugu kinnganeereeramiuk tunummut saalerlunilu qallunaaq umiatsiami nutaggarimmi eqqissiffaarilluni issiasoq takuaa. Eqqissisimaarpallaaqimmat isumaliorpoq kannamita susoq? Isigilertutsiarlugu takananngaaniit qiviarmani tunummut saappoq uimi kaffisugassaata isumaginnissaa pilerlugu. Illuminnut isilivilluni matserfik tigullugulu tunummut qiviaqqippoq suliuna takanna inimini nikissimanngitsoq sulilu nakkukkaani. Alla eqqaanngilaa nukappiatoqaq anitsisunik qiviarsiisoq.

Alaramiuk iserpoq. Kissarsuunni ornikkamiuk uunnaavik neeqquluallalersimasoq illuaallappaa qiteruisillugu, taava kaffisorfiup aqajarua kaffinik alussaatit sisamaat-qeqqa immerpaa.

Uia Essikiarsi nerriviup saani issiavoq ullormullu eqqarsaatigisassat tusarnaarlugit. Pujortaanni kimmiarpaa silittorlu ukusartumik kaasarfimminut mangulikkaminik aggoreersimasani immiutissamaaramiuk pujortaanni silammut tassanngaannartumik supeqqattaarpaa, nilliallattartunnguamik.

Mattarsuup igalaakkut isaanniutigaluni Essikiarsi oqarfigaa:
"Kannamitaavaana sissap avatinnguani qallunaaq umiatsiamini eqqisseqqinnaarluni issiasoq susoq aquuteralani qullartillungu."

Uiata nulii qissimillugu akerianngilaa, akeriallarpaa: "Immaqa ulissiisoq."

Niisip erni itersarpaa. Ernera Malakinnguaq iteriartuaarluni iterami inngaalukujulluni isini serpeqangaarmata assammi tunuinik tagiartaqattaarlugit aatsaat uisippai.

"It's time for you to get to school. Wake up!"

As soon as his son began to dress, Niisi gave him his woollen socks and told him that the tea had already boiled. Then he took a fuel can and went out of the house to fill it with oil before the news came on. Outside, he went to a wooden frame built around a big metal barrel that had been tipped over. As he was filling the container at the tap, he noticed a man sitting in a boat by the shore with the outboard motor raised, looking as if he was not about to leave. What's he up to, he thought. He checked the weather, but it was cloudless and promised to turn out fine. Why on earth had he not set out yet?

When he looked back at the container, it was almost full so he turned off the tap; on his way back in he took a funnel that he had hung on a nail from the side of the house. Entering the house, he saw that Malakinnguaq still hadn't got down from his bed; he had taken one of his socks and started to pull it on but had stopped before it came up to his ankle. He was just sitting staring straight ahead, his eyes wide open. "Come on, get up; it's half past," Niisi ordered.

Malakinnguaq began to make an effort. His father prepared his tea for him.[4] Malakinnguaq's mother had wanted a divorce when the boy was only two and she hadn't wished to take him with her. As Niisi didn't want a divorce, his wife had gone to stay with her parents and had never come back; in that way they had simply become separated. When Malakinnguaq got up, he went out into the kitchen.

"Dad, I can't manage my fly button; do it for me."

His father buttoned him up. "Your tea is ready over there; drink it. I've put margarine and jam on some rye and white bread for you."

"Did you add some cold water to my tea?"

As soon as the radio news came on, Soriina left her house carrying some blue tubs of the sort used for making jam. She set

"Atuariartungajalerputit makinniarit!"

Erni sanarsornialersorlu Niisip qallunaartai tunniullugillu oqarfigaa tii qalareersoq. Nammineq orsussaasivik tigugamiuk illumit anivoq radioavisip takkutinnginnerani orsiiniarluni. Silatiminni nappartarsuaq savimineq innakartillugu qisunnik innakartitsiviliamut inissinneqarsimasoq ornippaa, tikikkamiullu orsussaasivini kuuttarfianut naleqqiullugu immerlualeruttorlugu sissap avatinnguani angut umiatsiami issiasoq takuaa aquuteralani qullartillugu aallarniarunarani. Kannamita susoq, isumaliorpoq. Sila umerualaarpaa nuiannguaqanngitsoq alianaassuassamaarunarluni. Soormita suli aallarsimanngitsoq.

Orsussaasivini qiviaqqikkamiuk ulikkaalermat kuuttarfa matuaa isileramilu talarti illup iigaanut kikissamut nivinngartakki tiguaa iserlunilu. Iserami takuaa Malakinnguaq suli siniffimminit aqqarsimanani qallunaartami illua tigullugu atileraluarlugulu singernerminut tikitinnaguluunniit unitsiinnarsimagaa ukkisisorujussuulluni uerululluni issiaannalersimasoq. "Qaa makinniarit qiteqqutilerpoq."

Malakinnguaq piniaasaalerpoq. Angutaata tiissaanik piareersaappaa, arnaami Malakinnguaq marlunnik ukioqaannalersoq avikkumasimavoq Malakinnguarlu tigummiarumasimanagu. Niisi avikkumanngeriarmat angajoqqaaminut tikeraarumasimavoq tikeraaramilu kingorna utersimanani, taamalu aviinnarsimallutik. Malakinnguaq makikkami iggavimmut anillaappoq.

"Ataa sissama attataa ajulerpara ikkutilaaruk."

Angutaata ikkuppaa. "Tiissat aajinnga piareerpoq imerniaruk, timiusiassat qaqortuliassallu makkariinalereerpakka mamalaalerlungillu."

"Tiissara nillertulerpiuuk?"[5]

Radioavisip aallartiffissaa nallertorlu Soriina illuminit anivoq siparneeqqanik tungujortunik mamalaap puukuinik tigumiarluni.

off in the direction of the river to the east of the town where water was fetched because that was what she had to do. Looking about her down at the shore for some fresh clumps of ice, she noticed a man sitting calmly at the stern of a boat, smoking away.

"I wonder who he's waiting for," she couldn't help asking herself. She just continued on her way, however, and as she walked she thought about her dream the night before. Her dead husband had come to her as she lay in a bright bed which seemed to be surmounted by a large awning. She had been unhappy about the bedclothes: it was as if the quilt was full of shavings; when she touched the bedclothes, they felt like shavings. Her dead husband had come to her, taken his head in his hands, removed it, and put it under his arm. Then it was as if a bright but not dazzling light shone through from above her, all transparent; and she saw her husband move off toward the light, his head tucked under his arm. No sooner had he disappeared than her old granny turned up, smiling and in old-fashioned dress, and had stretched her arms out toward her.

"Perhaps my death is near," she thought.

Then she noticed that she'd reached the place where she was to fetch water; she used her containers to scoop up some water and set off back. On her way to her house she again looked about for ice clumps and saw that the man was still sitting in his boat.

"What a long time he's been waiting."

There were no ice clumps on the beach as it was well into summer and they appeared only rarely now. When she went into the house, she tried to wake her foster son whom she looked after out of pity. As usual, she asked him if he had peed. Waking, Ernersiaq was unwilling to get up; he seemed to try to say something with his eyes. Then he closed his eyes as tears started rolling from them because he knew how the scolding that was sure to follow was going to sound.

Ingerlaannaq illoqarfiup kangiani kuup imertartarfiup tungaanut aallarpoq sunaaffa imertartoq. Sissamut nilassiorluni qiviarami takuaa umiatsiaq inulik inua eqqisseqqinnaarluni aquani issiasoq, pujuallatsiassooq.[6]

"Kinamita utaqqingaa," imminut oqaluukkunnaarneq ajorami aperaaq. Ingerlaqqiinnarpoq, ingerlatillunilu isumaliutigaa unnuaq sinnattuni, uigigaluami ornikkaani nammineq siniffimmi qaamasuinnarmi soorlu qaliaasalissuarmi innangalluni oqorutini assut ippigalugit soorlu sannakuaqqanik imallit attorlugit sannakorpalukkaangamik, uigigaluami tikilerlunilu niaqqi tigugaa peerlugulu unermiliullugu. Taamaalisorlu quliminit qaamanersuaq akisuguttoq qaamaneq soorlu inngiananngitsoq tamarmi akimut ersittoq, uigigaluani periarpaa qaamanersuup tungaanut aallartoq niaqqi unermiliullugu. Kingoqqiuttorlu aanakassani takkuttoq qungujulalluni qangatuunik atorluni assani tungiminut siaarlugit.

"Immaqaana toqussara qanillisimasoq."

Periarpaa taavaana qallussisarfini tikillugu, imertaatinilu qalluteriarlugit utimut aallarpoq. Illuni tikilerlugu sissamut nilassioqqilluni qiviarami takuaa suliuna taanna inuk umiatsiamini issiasoq.

"Qanoq utaqqikatatsingaa."

Sissaq nilaqanngilaq aasarsuanngormat nilaat takkutikulavallaarunnaarsimagamik. Iserami ernersiakassani nalligiuakki inginnersoq. Ernersiaq itereersimalluni makinnaveersaarsimasoq isaannarminik oqarniartutut pissuseqaleraluarluni isini matuinnarpai qullini kuulereersut, naveersinnissarmi tulliuttoq qanoq nipeqassanersoq ilisimareeramiuk.

"Peed again, I suppose. Why can't you wake up when you feel like peeing at night? Even though you take a pee before going to bed in the evening. the bedclothes get messed up and smelly. Perhaps your dicky should be tied up with string before you go to bed!"

Ernersiaq began to bawl away even louder when he heard this.

"Stop crying! Get up! Come on, it's almost time for you to be at school!"

Since Ernersiaq had to obey, he got up and his foster mother removed his underwear, nearly ripping it off him, and threw it in with the dirty laundry. "Here, take these dry underclothes, but don't go peeing in them too. Take care of them!"

As soon as he had put on his clothes, Ernersiaq went downstairs, his eyes blurry and unfocused.

"Here's your wash basin; come on, you're going to be late; get a move on! Such a naughty child, always having to be scolded. There's your breakfast. Come on, don't make your poor foster mother mad!"

Ernersiaq did get a move on; and after washing himself, he started eating his breakfast. Because he ate so quickly, his foster mother, who was working hard in the kitchen, only caught up with him as he was already fetching his satchel.

"Behave yourself at school now; you've done all your homework, haven't you?"

"Yes," Ernersiaq answered in a low voice.

"Look, you have no one else to provide for you. Just work on what you are told to do at school. When I die, you will have to fend for yourself. When you finish at school, come straight home!"

"Aasit quillarnerami, sooruna unnuakkut quisartutit querusuleraangavit iterneq ajoraviit, unnukkut innaleraangavit queqqaartaraluarputit kiisa oqorutikassatit qorsunnersuarmik sussaajunnaarput, immaqa kisianni innaleraangavit usukassaat qilersortalerlungu!"

Ernersiap allamummi ingerlannginnami nipittuutiinnarpaa.

"Qiajunnaarlutit tassa makinniarit, qaa atuariartungajalerputit!"

Ernersiaq naalattussaannaagamimi taama makiinnarpoq arnarsiaatalu ilorliikassai nutsuinnangajallugit piiarpai errortassallu akornannut miloriullugit. "Ak, aajuku ilorliissatit panertut qanorliaasit qummaataritingissuai[7], atali taakku sissuerlungit!!"

Ernersiaq sanarsoreerlunilu taama tummeqqatigut ammut aterpoq, isai sumiikkaluarnerput.[8]

"Aana ermiffissat, qaa inortuinialeqaatit aalaniarniarit! Sunaana meerakassak taama oqalunnartingisoq aamma aajukua ullaakkorsiutissannguatit, qaali arnarsiakassaat qaputsikkunnaarlungu!!"

Ernersiaq ulappuserpoq, ermereerami ullaakkorsiutissani saappai, neripallangaarmallu arnarsiaata iggavimmi suliassaminik aallussilersimasup atuagaasivini aammagu aatsaat angumeraa.

"Atuarfimmi naalallutit piumaarputit, ilinniangassatit tamaasa ilinniarpingiit?"

"Suu," Ernersiaq nipikitsunnguamik akivoq.

"Takkuuk allanik pilersuisussaqanngittukassaavutit atuarfimmi ilinnut suliareqquneqartut tamaasa suliariniartassuatit, uanga toqunguma kisimiilertussaavutit, atuareeruit ingerlaannaq angerlassuutit!"

"Yes," replied Ernersiaq.

Shortly after quarter to eight, children began to emerge from one house after another. When Malakinnguaq came out of the house with his father, he saw Ernersiaq appear and ran up to him and said as he reached him:

"Hi, there. Let me come with you."

"Hi. Come along then."

Setting off toward the school they saw a man in a boat down by the shore, its outboard motor tilted back and its owner sitting peacefully at the stern.

"I wonder who that guy down there is waiting for?"

"Dunno," Ernersiaq answered his companion.

When his son and Ernersiaq had disappeared behind the hill in the direction of the school, Niisi looked away and turned toward his own place of work. Essikiarsi emerged from his house, replete from drinking coffee. He went onto the veranda at the front of the house and sat down on his usual seat; he took up the piece of soapstone he was going to carve and examined it closely. It was a bit mixed in texture, but he didn't think it looked too bad.

Mattarsuaq took a container and headed off toward the east to fetch water. Because she wore a short jacket, her bandy legs could be seen beneath her dress, which just reached below her knees. Her husband didn't even look up at her.

The catechist, sound asleep with his head flung back, was prodded in the side by his wife.

"Hey you, you're late; get up!"

"What time is it?"

"Aap," Ernersiaq akivoq.

Arfineq pingasunut tanneq qulaaluat qaangersimatsiaraa illunit meeqqat ataasiakkaat anillattaalerput. Malakinnguup angunni aneqatigalugu Ernersiaq anisoq takugamiuk arpaannaq ornippaa tikikkamiullu oqarfigaa:

"Aluu kammak, ingiaqatingilakkit."

"Aluu ingiaqatinginiannga."

Atuarfiup tungaanut aallarlutillu sissami umiatsiaq inulik takuaat aquuteralaa malartisimasoq inua eqqisseqqinnaarluni aquani issiasoq.

"Kassumamitaava kina utaqqingaa?"

"Asuki," Ernersiap aappi akivaa.

Niisip erni Ernersiarlu atuarfiup tungaani qaqqajunnamut tarrimmata alarpai namminerlu suliffimmi tungaanut sangulluni. Essikiarsi illuminnit anigami kaffisorsimaavikkami illup saani aneerasaartarfiliamut appakaappoq issiavigisartakkilu ingiffigigamiuk sanaassani ukkusissamineq tiguaa misissuataalerlugillu. Akoqanaaraluarlugu taamaattoq ajussangatinngilaa.

Mattarsuaq imertaaserluni kangimut aallarpoq, takinngitsumik kavassersimagami annoraavata[9] seeqqui ataatitsiarlugit takissusillup ataani niukassai asulu putoqakkuloqalutik. Uiata qivianngilaaluunniit.

Ajoqip malaatiinnarlugu tutseruttoraa[10] nuliata saneraagut tooqaa:

"Uumaaraa inortuileqaatit makinniarit!"

"Qassinngorpa?"

"It's eight!"

"Why didn't you wake me long ago?"

"I've only just woken up myself."

As if he'd been jabbed in the backside, the catechist jumped out of bed and straight away put his socks on the wrong way round, with his left big toe stuck through the hole that yesterday had been over his right one. When he'd got his trousers on, he stuck the safety pin of his braces into his index finger. Cursing, he tried again, this time with more success. After buttoning his shirt, he found that the buttonholes didn't match up: the top buttonhole of his collar was without a button and stuck out from his neck, and the top button of the collar was pressed through the adjacent buttonhole. Cursing again, he undid all the buttons he'd already done up; then, after unzipping his fly, he let out a great fart accumulated all morning. That really woke his wife up. Then he lowered his braces to his hips, adjusted his shirt and buttoned himself up again.

He sat down on the bed and took two rubberbands from the little table, attaching them hurriedly to his arms to prevent his cuffs from slipping down.

When he came down from the loft, he went past the mirror and over to the wash basin which he filled with water, wetting his arms and rubbing his eyes—"Just the parts the priest sees," he murmured to himself.

He put on his thin overcoat and, without even thinking of eating anything, went outside where the sun already felt warm. He headed straight for the school. When he glanced down at the shore, as was his habit, he saw a man sitting in his boat with the outboard motor tilted back. On the land and at sea all was completely calm.

"Why doesn't that fellow down there set off? I wonder who he's waiting for?"

"Arfineq pingasunngorpoq!"

"Soormi qangali itersannginnamma!"

"Aattaanuna aamma uanga itertunga."

Ajoqi soorlu itiagut tuugaq siniffimminit pissikkami ingerlaannaq alersini killormut saatillugit ativai, alersaata putuguata putua ippassaq talerpilliugaluarami maanna putuguata saamerlip anillaffigaa. Qarlini atigamigit ujatsiummi akkittartua tikiminut pussugukkaluarpaa, oqaasipiluutigalunilu misileeqqikkami ajoraluanngilaq. Ilupaani periarpaa attasersorsimallugu attaserfii unioqattaarlugit, qungasiinnaata attaserfia qulleq attatitaqarani qungasianit avammut avalassaarsimasoq, qungasiinnamilu attataa qulleq attaserfimmut tullermut ikkusimallugu. Oqaasipiloqqilluni attasersoriikkani piiarpai sissanilu singissinnarlugu ullaarnisamik nilerujussuallaataa, sunaaffa nuliami eqeerutigisaanik, ujatsiutini siffissaminut nakkartippai ilupaanilu iluarsillugu attasersoqqillugu.

Siniffimmut ingikkami nerriveeqqamit tasisuaartut marluk tiguai tuaviinnarlu talliminut atitillugit ilupaami atsipaavisa sisunaveeqqutissai.

Qalianit aterami tarrarsuut saneqqutiinnarlugu ermiffik ornikkamiuk imermik immerpaa assanilu masatseriarlugit isini tagiarlugit, "palasip tungaannaa" imminut oqamiffigaaq.

Qaatiguuni saattoq atigamiuk qarniluunniit eqqaanagu anivoq seqineq kissaleriivissimasoq. Ingerlaannaq atuarfiup tungaanut saappoq. Piumminilli sissamut qiviarami takuaa inuk umiatsiamini issiasoq, aquuteralani malartillugu. Timaanit avammut qatsungarsuarpoq.

"Soormita kanna aallarnianngitsoq, kinamita utaqqigaa."

When he turned again toward the school, he saw that the children he was supposed to teach were pouring out of the school and running off toward their homes in all directions. He shouted with all his might telling them to go back. Malakinnguaq and Ernersiaq, who lived in the direction from which the catechist was coming, made a rapid turnabout when they saw him, returned to the school and went in. As they entered, the headmaster, who was making his rounds after the morning hymns, found them and sent them out again. Although Malakinnguaq explained that the catechist was on his way, the headmaster shouted at them to wait outside. As they went out, the catechist popped his head in at the door, his hair full of down[11] and looking pretty cross, followed by a flock of children. They were annoyed because the deputy head had told them they could go home since the catechist hadn't shown up.

The catechist hung his head as he passed the headmaster and, without saying good morning to him, went toward the room where he was to teach; the children followed one after the other as if in harness.

---

1) For central west Greenlandic *tikinngilaatsiaani*; note that in the Disko Bay dialect (as reflected in the dialogue of this excerpt) CWG ts regularly appears as tt before a or u.

2) The reference here is to a type of seaweed with perforations that give it the appearance of Greenlandic bead embroidery which women wear around their necks.

3) An image from one of the old legends.

4) A somewhat unusual situation in Greenland, hence the explanation that follows.

5) Lengthening of the final syllable in yes/no questions is typical of the Disko Bay dialect.

Atuarfiup tungaanut saaqqikkami takuai meeqqat
atuartitassani atuarfimmit anisut arpaannarlu tamanut tamaanga
angerlarsimaffimmik tungaanut saararlutik aallakaasut. Nipini
tamaat suaarpai uteqqullugit, Malakinnguakkullu Ernersiarlu
ajoqip aggerfiata tungaani najugaqaramik takugaluarlugu
kaajallakkamik tuaviinnaq atuarfimmut uterput, ingerlaannarlu
iserlutik. Isertullu atuarfiup pisortaata tussiartitsereernerup
kingorna angalaartartup naammattooramigit anisippai.
Malakinnguaq oqaraluarpoq ajoqi aggersoq atuarfiulli pisortaata
suangavai silami utaqqissagaat, aniartuleraluartullu ajoqi matumit
puttuppoq nujai qiviuinnaallutik assut annulluni
meerarpaalunnguillu malinnitsigalugit. Meeqqat
narrujuummisimarpaseqaat atuarfimmimi atuarfiup pisortaata
tulliata oqarfigisimagaluarpai ajoqi takkussimanngimmat
angerlaannarallassasut.

Ajoqip nakangarujuttuinnaalluni atuarfiup pisortaa
saneqqukkamiuk kumooranilu ini atuartitsivissani ornippaa,
meeqqat soorlu pituutallit tulleriiaarlutik malinnaagamilliuku.

---

6) Future suffix *ssa* (here used in the sense of repeated action)
becomes *ssu* in connection with indicative endings like (here) *-voq*
in northwest Greenland.

7) Literally "you're bound to go and pee in them (as much) as
usual." Note northwest Greenlandic ng for g between vowels.

8) Literally "where on earth were his eyes (i.e., looking)."

9) Here *annoraaq* refers to her skirt.

10) cf. the idiom *sinik tutsippaa*, "he let sleep fall (on himself)/he
fell asleep."

11) From just having got out from under the bedclothes/downy.

Eqqaassutissaq
The Memorial

Jens Poulsen

This selection by Jens Poulsen, a professional translator,
represents another "cosmopolitan" possibility in Greenlandic
literature: the philosophically colored essay, a genre which is a
specialty of the author. He has also contributed many articles on
current issues of debate to Greenlandic newspapers. His subject
matter is not limited to local issues, however. This essay,
published in the collection of poems and stories entitled
Allagarsiat from 1970, is set in Portugal. Through a convincing
use of symbolism, the author relates his universal theme back to
his distant home in Greenland and the harsh conditions for
fishermen there.

A great many of the stories we heard in our childhood were about accidents at sea, about relatives of ours and relatives of good friends and acquaintances who, before we were old enough to remember, failed to make it home. Either they had become *qivittut*[2] or their kayaks had capsized or they might have been pulled overboard by a harpooned animal.

Now that you have come to rest as bones at the bottom of this sea, loud with breakers, or on this sandy beach before me here, why have we not thought to build a memorial for you? Could it be because we are no strangers to such a death and have always thought of it as a part of daily life? Only now, standing in a place which represents the world's end to the people with whom I am staying, have such thoughts come to me; for although such events are not alien to these people, they are no longer part of my own life.[3]

The world's end: Monte Gordo; where man's livelihood is the sea, just as in the land where I grew up. A small fishing town, ruled by the sun and the shade, by joy and sorrow. My reason for coming here is my childhood memories.

A large fishing vessel—a mother-ship—had dropped anchor by one of our country's small towns. To bury someone, they said. The strangers in their black clothing, ruddy-faced, sun-burnt and hard-worked, who, if they had had slanted eyes, would have looked much like our own grown men; they filed ashore to the quay, which was rather primitive then, led by their "priest" who was carrying a cross-shaped object. Just as any people burying their dead, they moved slowly toward the cemetery in a small clearing behind some hills. We children flocked silently together and followed. For we had been brought up to regard death as worthy of respect.

Meeraanitsinni oqaluttuarsiarisartakkakka[1] ilarpassui immami ajunaarnernut tunngasuupput. Qanigisattagooq ilaat aammagooq ilisarisimasatta ikinngutigilluakkattalu qanigisaasa ilaat, uagut misigillualernerput sioqqutitsiarlugu tikinngitsoorsimasut. Qivissimanngikkunik qajaasimassapput; immaqa naalikkaluakkaminnut nusutsillutik.

Immap qaraarpaluttup maanna isiginnaakkama naqqani immaqaluunniit sissami sioraannangajammi maanna saanikuinnanngoreerlusi qasuersaartusi eqqaassutissiuunneqarnissarsi eqqaajuittarsimavarput—immaqa pissutaavoq inuunerup naggataata taamaattup qangaanerusoq takornartaanngeqigami ulluinnarni pisimasunut naatsorsuunneqartarsimanera. Aatsaat maanna inuit najukkama silarsuup isuatut isigisaanni qeqartillunga eqqarsaatit taamaattut tikippaanga; pisimasut inuit taakkua akornanni takornartaanngeqalutik uanga inuuninnut akuujunnaarsimasut pissutaallutik.

Silarsuup isua—Monte Gordo; meeraaninni alliartorfigisimasattut immamik nappatilik. Aalisartut illoqarfinnguat seqernup alanngulluunniit, nuannaarnerup aliasunnerulluunniit, naalagaaffiat. Orninnialersimaneranut pisuupput meeraanermit eqqaamasat.

Nunatta illoqarfinnguisa ilaannut aalisartut umiarsuarsuat—anaanarsuaq—kisarpoq. Ilisiartortunngooq. Sissiugannguamu taamani soorpianngeqisumut takornartat qernertuinnarnik atisallit silaannarmiittarsimanermit sinngorlutillu palersimaqisut suleruluttarsimanneqisullu qiingasunik iseqartuugunik uagut inersimasortatsinnut allaassuteqangaartussaanngikkaluartut niooralerput "palasi" sanningasuusap assinganik tigumialik siulersortigalugu. Ilisiartortut allat assigalugit arrinngivillutik iliveqarfiup qaqqasunnat timaanni narsartannguamiittup tungaanut aallarput. Taamani meeraalluta ussattugut sumik nipaqarata malinnaavugut. Perorsarneqarnitsigununa toqu sutut ataqqisassatut isigilersimagipput.

Standing here by the sea at the world's end, I can even remember the tunes of the hymns; for what I see right now is not very different from what I experienced then. The people I see remind me of those I lived with when I was growing up, although the surroundings are different.

As the rays of the autumn sun fade away, sorrowful-looking women are sitting in a circle on the sandy beach, the waves almost touching them. They have been sitting here since the first appearance of the sun in the morning. They are waiting. Their children have lit fires back away from the shore and are grilling sardines. They still do not suspect anything.

Out at sea the fishing boats of the Monte Gordo people, with their prows similar to their sterns,[4] rise and fall with the swell, becoming visible now and then for a moment. Only the old folk who have acted as look-outs, patiently waiting year after year, seem to know to whom each boat belongs.

Since early morning one of the boats has had a white flag raised, tied to an oar. The inhabitants of the world's end, who have always lived on the Ocean coast near Henry the Navigator's[6] old mansion, all know what that signifies. It means that one of the women who sits waiting below me has become a widow! Or perhaps one of the women has lost her son or her elder brother. Who is it that has met with an accident?

Why didn't they come to shore long ago? Before trying to find out by using a language I hardly know, I realize that in good weather, according to the laws that govern the lives of fishermen, one who has let down his nets must first haul in whatever he may have caught before the weather turns bad. Though death is no stranger and always strikes in its woeful way, there is also life and the struggle for a living which must go on unceasingly.

Maannakkut silarsuup isuani immap killingani qeqartunga tussiutit erinaannut allaat eqqaamavakka, aammami maannarpiaq isigisakka taamani misigisimasannit allaassuteqangaanngimmata. Inuit isigisakka peroriartorninni inooqatigisimasannut eqqaanaqaat, massali avatangiisikka allanarlutik.

Ukiap seqernata qinnguaasa asinngariartulerneranni arnat aliasuppaluttut ammaloqisaanngorlutik issaasimapput; sissami sioraannaasumi mallit angungajalluinnartagaanni. Ullaakkut seqernup nuineraniit tassani issiasimapput. Utaqqipput. Meerartaat tiffasinnerulaartumi ikumatitsipput ammassaaqqanik qiluaallutik. Suliuna sumik pasitsaassisimanngitsut.

Avasiinnarmi Monte Gordomiut aalisariutaat umiaasarsuit illugiinnik siullit mallit qaffianeranni ersiummitsiartarput. Kikkut sorliunerat utoqqartaasa ukiorpassuarni nasittuarsimallutillu utaqqiuartarsimasut kisimik ilisimagunarpaat.

Ullaaralaannguugaaguna[5] umiaasat ilaat qaqortumik iputit ilaannut qilerussamik erfalasulersimasoq. Tamatuma qanoq isumaqarnera Henriup Umiartortup illorsuatoqarsuata eqqaani nunap-isuamiut Imarpissuup sineriaani inuuniartuarsimasut tamarmik nalornisiginngilaat. Tassa arnat ataatunginni issiallutik utaqqisut arlaat uillarninngorsimasoq! Immaqaluunniimmi arnat ilaata ernini aniniluunniit annaasimavaa. Kinamitaavaana ajunaarsimasoq?

Soormi qangarsuarli timmukarsimanngillat? Oqaatsilli nalungajakkakka atorlugit paasiniaanialeriarnanga paasilerpara silagissuarmi qaluminik ningitsisimasoq silarluliutitikkaluaruniluunniit inuunerup inatsisai aalisartunut atuuttut malillugit aamma taakkuninnga pisarisimajunnakkaminillu qaqitsiniaraluaqqaartariaqartoq. Toqu takornartaanngikkaluaqaluni alianartutut nalliuttartuarpoq, aammali inuuneq, pissaqarniarneq, unigani ingerlajuartariaqarpoq.

All along the stretch of Monte Gordo's beach not a voice can be heard. The breaking of the waves and the cries of the seagulls seem no longer audible, for they are an integral part of life along the Ocean coast and therefore are not noticed. To the stranger only the colors seem to speak. The striped colors of the boats built so they will come up easily on the beach. Some are decorated with big eyes or fins or other patterns which a stranger cannot distinguish from each other but which are clearly distinct to the owner's family.

The number of women who sit waiting continues to increase. They don't make a sound. They sit there with their naked legs thrust into the sand, their black kerchiefs covering their heads, all wearing patterned cloaks. This is to protect them against the sun and the wind-and today, perhaps, to hide their uncertainty. Their faces are just visible, but it is impossible to guess their thoughts from their appearance.

Some of the fishermen who are to work here during the night are sitting beside their boats which are drawn up on the beach. Why on earth haven't they sailed out to see what has happened, to give a helping hand? But why should they do that? No one can save a person who has been taken by the sea. Besides, they must go out themselves and work tonight.

As the hour of the homecoming of the fishermen approaches, the crowd increases. There can be hardly anyone left in the little town. The beach is being prepared for their arrival; no one speaks, no one makes a big show of it. Even the children help—big and little without distinction.

One boat, leaving the others suddenly, starts off toward the land. The five men onboard row in rapid bursts just in front of successive waves. As they near the beach the women and men waiting there draw gradually closer to the shore—it is the boat with the white flag. When its crew set out there had been six of them. The boat, riding the crest of a wave, runs up onto the beach; and the waiting men wade out up to their waists and pull it up further onto the land.

Monte Gordop sissarsuani isorartoqisumi sumik nipisiassaqanngilaq. Mallit qaraarpalunnerat naajallu qarlorpalunnerat nipisiassatut isigineerunnikuupput, Imarpissuup sineriaani inuunermut atalluinnalersimagamik taamalu malugineqassaarsimallutik. Takornartaagaluartumut qalipaatit kisimik oqaluttutut ipput. Umiaasat sissamut majorallaqqissussaliat qalipaataat nimeruaartut. Ilaat isersuarnik avalerarsuarnilluunniit allaqarput allanilluunniit takornartap allanit immikkoortissinnaanngisaanik ilaqutaannarnut ersitsunik nalunaaqqutaqarlutik.

Arnat issiallutik utaqqisut amerliartuinnarput. Sumik nipisiassaqanngilaq. Isikkatik kamillaangasut sioqqanut morsutsillugit qaarussuaminnik qernertunik niaqqutik ulillugit issaasimapput, aamma uliguaasarsuaqartiterput allapattunik. Taakkua seqinermut anorimullu, immaqalu ullumikkut nalorninermut, illersuutaapput. Kiinaat nuisalaarput, kisianni eqqarsaataasa suunerat taattuisigut eqqoriarneq ajornarluni.

Aalisartut ilaat unnuarsiortussat umiaasamik amoqqasut sanianniiginnarput. Soormitaavaakua paasiniaallutik, ikiuiartorlutik, avalassimanngillat? Aammami sooq taamaaliussagamik! Immap tigusai kimilluunniit annaanneqarsinnaanngillat. Aammami namminneq unnuarsiortussaapput.

Aalisartut tikinnissaat qanillimmat ussattut amerliartuinnarput. Tassaqa illoqarfeeqqami uninngasoqalerpa. Aamma sissaq tikittussanut piareersarneqalerpoq; sumik nipiliortoqaranilu persuarsiortoqarani. Meeqqanut allaat suleqataapput— minnikoortoqaranilu utoqqakoortoqanngilaq.

Umiaasaq ataaseq ilaminit qimagutiimilluni timmut aallarpoq. Inui tallimat malimmit anguneqarniariarlutik iporiaqattaapallattarput. Sissamut qanilliartornera ilutigalugu arnat angutillu utaqqisut sinerparaluttuinnarput. Tassa angallat taanna qaqortumik erfalasulik. Inui aallaramik arfiniliugaluarput. Umiaasaq kaassalilluni majoranniariartoq angutit utaqqisut qititik tikivillugit naloraarlutik avalakaapput taavalu tiffarterinialerlutik.

A sad-looking youth is helped out in the arms of the men. It is Pedro, whose elder brother has been taken by the sea. Now the women present start a deafening wail. Let us pray for Nicco whom the sea has taken.

When Pedro sets of toward the village, all those who have been waiting follow him. But when Pedro goes into his house and closes the door, all sound of wailing stops. It is as if an electric light has been switched off.

The sun sinks further out of sight and the shadows grow longer. Inland from the beach on a low cliff all of Monte Gordo's widows are seated, dressed completely in black. They are waiting for their husbands, whom the sea has taken, to come back. For years they have done the same, day in and day out. They await their homecoming as the sun sinks out of sight. Now and then one of them gets up and goes down to the edge of the beach and, while her companions listen, sings a most moving Portuguese lament. Ah, if only one could understand the words, like those of the laments of the Israelites beside the waters of Babylon.

Life in Monte Gordo will continue. The sun goes down, nature suddenly goes dark as it always does, and the sad event of the day seems to be covered over by the darkness, disappearing from memory. In the stone-walled little meeting-house in the middle of the village the young people begin to dance. In bare feet they dance the "Ta-Mar" together. Of course, Pedro is missing—and also Maria, the beloved of Nicco whom the sea has taken. But she is still a young girl; and when she gets a new boyfriend, she will again join in the dancing.

The sad event is not an isolated incident in Monte Gordo. The sea, after providing sustenance for many years, always demands its own chosen form of payment. And those who want their daily bread must be prepared to pay a price for it. The basic facts of life are easy to comprehend. In this light the continual waiting of the widows for their men to return no longer seems so unusual. If some day the sea does not yield a good catch, it must redress

Angut inuusuttoq aliasuppaloqisoq tatikumiarlugu niutinneqarpoq. Tassa Pedro. Angajua immap tigusimavaa; taamaaliniariartorlu arnat najuuttut qoqernaannavillutik kappialalerput. Nicco immap tigusaa qinnunniartigu.

Pedro illoqarfinnguup tungaanut aallarmat utaqqisimasut tamarmik malinnaapput, Pedrolli illuminnut iserluni matu matuniariaraa kappialanermik sumik tusarsaasueruppoq. Soorlumi qulleq sarfartortoq qaminneqartoq.

Seqineq tarrikkiartulerpoq, tarrat tallerulullutik. Sissap timaani ippinnguami Monte Gordop uillarneri tamarmik issaasimapput, qernertuinnavinnik atisaqarlutik. Uitik imarsuup tigusai tikissiivaat. Ukiorpassuarni ullullu tamarluinnaasa taamaaliortoqartarsimavoq. Seqernup tarrilerfiata nalaani tikittussanik utaqqipput. Taamaalluni arlaat nikeriarluni sissap killerpiaanut atertaraaq taavalu killinnaqateqanngitsumik ilani tamaasa tusarnaartigalugit erinarsulerluni, Portugalimiut upputaannik. Ila taallai israelimiut Baapalip kuuata sinaani upputaattulli paasisinnaagaluaraannisoq.

Monte Gordomilu inuuneq ingerlaqqissaaq. Seqineq tarrilluni sila pisarnermisut taarseriasaaqaaq, ullullu alianartortaa taarmit matuugaallunilusooq eqqaamaneeruttutut ilivoq. Katersortarfiusannguami ujaqqanik qarmakkami illoqarfiup peqqinnerinnaaniittumi inuusuttut qitinnialerput. Kamillaanngarmik "Ta-Mar" qittatilerpaat. Soorunami Pedro kisimi amigaataavoq; immallumi tigusaata Niccop asasaa Maria. Niviarsiaagallarlunili ikinngutitaaqqeriaruni qiteqataasaleqqikkumaarpoq.

Monte Gordomi pisimasoq alianartoq qaqutigoortuunngilaq. Ukiorpassuarnimi imaq pissaqartitsisuusimasoq akissamik nammineq toqqakkaminik tigusisartuarsimavortaaq. Ullormut neqissaqarumasut sumilluunniit akiliinissamut piareersimasariaqarputtaaq. Ilaa inuunerup tunngavigisaata paasiuminarluinnassusia. Taava uillarnerit tikittussanik utaqqiuarnerat tupinnarunnaarportaaq. Imarsuaq ullut ilaanni

the balance and pay the price by returning one of those it has taken.

Here too it seems that no one has thought to build a memorial. This is not only because those taken by the sea may yet return, but also because the ocean itself is a constant reminder of those it has taken—and it is thus also a memorial to our own forefathers.

———————

1) For expected relative case -*ma*, as if in apposition to the following *ilarpassui*.

2) Individuals who disappear into the mountains, e.g., after disappointment in love, in order to die or to attain supernatural powers (returning as ghosts).

3) The people with whom the author is staying must be Portuguese villagers (he lives in Denmark himself).

4) Literally "with a prow at both ends."

5) Variant form of *ullaaralaannguugaajuna* (with *g* instead of *j* between a double vowel and enclitic *una*.

6) The Portuguese explorer prince.

pissarsisitsilluanngeriaruni oqimaaqatigiinneq ataavaqqullugu tigusimasaraluami ilaannik utertitsilluni akiliuteqartariaqarumaarpoq.

Aamma maani eqqaassutissiornissaq eqqaaneqarsimanngitsutut ippoq. Imaaginnanngitsoq immap tigusai uteriaannaammata, aammali imarsuaq tassaammat tigusaminik eqqaasitsisuujuartoq. Tassa aamma tassaalerpoq uagut siuaasatta eqqaassutissaat.

Ersinngitsup Piumasaa
The Will of the Invisible
Chapter 15

Hans Lynge

In this excerpt from *The Will of the Invisible*, which was published in 1976 but composed in manuscript form in 1938, we glimpse what many regard as one of the highpoints of Greenlandic literature achieved to date. Now a resident of Denmark, Hans Lynge has only a few prose works to his name, and he is perhaps better known as an artist. Nevertheless he has developed a literary style as sophisticated and mature as any Greenlandic writer. In the chapter translated here, which is the turning point of the novel, he attains a poetic intensity that entails considerable syntactic complexity. Based on a real situation from pre-contact Eskimo life as reported from Canada by Knud Rasmussen, the story is about two brothers who live a happy life until they discover by chance that their real father, who had maltreated their mother, had been murdered by the man they regarded as their father. The "unseen power" which rules over traditional Eskimo life demands vengeance; but their execution of the usurper and their mother's resulting unhappiness lead to a complete breakdown for Ulloriaq, the more sensitive and popular of the brothers. He runs off into the mountains to become a *"qivittoq"* (see footnote 2 to *Eqqaassutissaq*). The turning point occurs when the girl who loves him discovers his hiding place and tries, against his will, to bring him back to society. She becomes dangerously ill herself; and Ulloriaq, on the verge of exhaustion and insanity, at last contacts the hidden powers and learns that her love is in fact also part of the wider scheme of things and not something to flee from. Encapsulated in this short novel is the essence of the traditional Inuit world view in the face of perilous natural forces, free from the interpretive intervention of post-contact values that could easily have been applied to the story. Lynge's *chef d'oeuvre* has long awaited translation into Danish and/or English in its entirety.

The Unknown Powers Reveal Themselves

When Ulloriaq foresook human company and began his lonely existence, he had thought that he would start to lead a different kind of life, estranged from ordinary human feelings, as one who has said farewell to his fellow men and their customs and thoughts. He purposely strove to distance himself from visions of future happiness which he believed could never be fulfilled. It was as if he could not bear to be just half a person: either there should be happiness alone, or an unhappiness just as complete. Until recently, he had found, like other *qivittut*[1] before him, a certain comfort in the thought that because of what he had had to endure, through no fault of his own, he was living solely on the sweetness of his torments, which were a kind of revenge against the invisible forces controlling his destiny. In this way, by giving himself over entirely to his suffering, he tried to flee from anything that could diminish his pain. He paid no attention to the woman who had come to try to lessen it, fostering instead thoughts that would lead to a still more dismal depression in order to attain a total alienation from life. He tried to put out of his mind the thought he occasionally had that, if he carried on this way, he would soon lose all his strength; because the sooner he was reduced to utter helplessness the clearer the injustice of the powers guiding his life would become. This was the sole, bitter comfort of a man who did not understand where he was going.

But strangely enough for a man who had had to endure such unhappiness at the command of the Invisible, he was unable by his own efforts to make himself even more unhappy. It was as if the cause of all this misery was itself protecting him, setting a limit which could not be crossed.

Most extraordinary was his realization that he had been pursuing a happiness of which he wasn't aware, even though in his days of brooding he had thought he was fleeing from it. Now he understood that, on the contrary, he had been holding on to this woman he pretended not to care for, and at the same time telling her to go home. It was as if through his words he was testing her to see how much she really cared for him, for in doing so his possession of her would become clear, and in this he could revel.

Pissaanerit Nalunartut Saqqummernerat

Ulloriaq inuit qimallugit kiserliortunngorami
isumaqarsimagaluarpoq allatut inuulissalluni: inuk misigissutsinut
inuit pigisaannut takornartaasoq, inunnik inuillu ileqquinik
isumaannillu inuulluaqqusisimasoq. Pilluarsusissaq pillugu siumut
takorluukkani eqquussinnaajunnaarsorisani piaaraluni
ungasillileraluarpai inuttut affakuussusermik
nuannarisaqanngitsutut: pilluarsuseq naammattoq,
imaluunniit—pilluaassuseq taamatut atsigisoq.
Ippassaaniinnannguarlumi tikillugu qivittoqatini assigalugit
nalerisimaaruteqartarsimavoq eqqarsaammi uani: taama
atugaqartitaanini nammineq pisuussutiginngisani pillugu
aalajangersaasumut ersinngitsumut akiniutitut naalliunnartut
tungusunninnerat kisiat inuussutigalugu. Taamami
millisaasinnaasut tamaasa qimarratiginiarsimavai arnaq naalliutini
millisarumallugit aggersimasoq sianiginngitsuusaarlugu,
eqqarsaatit nikallornermut annerusumut kivisitsisinnaasut
ivallugillusooq inuunermut takornartaalluinnalernissaq
angujumallugu. Ilaanni eqqaallatsiartagaagaluani: taamaalioruni
pilertornerusumik nukillaarsinnaanini, puigorsarniartarpaa,
piaarnerusumimmi nallinnarsilluinnassappat tassuuna inuunermik
siulersuisup naapertuilluanngissusia annerusumik
ersersinneqaannassaaq. Tassa inuup ingerlavimmik
paasinninngitsup tuppallersaatituaa sungarniitsoq.

Tupinnassusiali inuk ersinngitsup peqqusaatigut pilluaannermik
taama atsigisumik aqquteqartoq nammineq ilungersornermigut
pilluaannerusunngortinneq sapermat. Pilluaassusermullusooq
pisitsisup nammineq sernigigaa qaangigassarinngisaanik
killiffilerlugu.

Tamanilli tupinnarneruvoq paasilermat misiginngisaminik
pilluarsusissi malersugarisimallugu, allaat ulluni isumaqarfimmini
qimarratigisoralugu. Massakkummi paasilluarpaa arnaq
soqutiginngitsuusakki illuanik noqissimallugu angerlaqqullugulu
oqaluttarnermigut misilinniaannarsimallugulusooq qanoq
atsigisumik nipinngavigigaani, tamatumuuna piginnittuussutsi
isumamigut naleritsaatissaminik ersissammat.

It was now the eighth day that Arnannguaq had lain ill as he sat beside her; he had tried in vain all night to sleep but now the Morning Star[2], heralding the approach of daylight, could be seen through the drawn flap of the tent where dawn would soon break, and above him the handle-like shape of the Big Dipper was already pointing in the direction the dawn would appear. But still he could not sleep. Every time he tried to lie down to sleep his thoughts tormented him even more; sitting up was better.

That night he sensed for the first time how seriously ill his companion had become; and because he didn't understand the nature of her illness, every time he brought himself to bend over her, he feared she was she was dead.

When alone, he could cope with his loneliness. But when, as now, he was with an incapacitated companion whom he was not able to help, feeling tender sentiments for the invalid, wanting to hold on to her, trying to think of someone who could help her but without success, only then did loneliness really feel painful. It was as if in one's powerlessness the invisible world draws close, forcing upon one its will that cannot be opposed as it whispers, "I have already taken from you what I wished to take. Now I am coming to take away what is still more precious to you!" The person to whom such a demand is made seems to be at the mercy of the mockery of all the powers outside himself, like an animal that has fallen into a man-made trap—terrified, his escape route cut off.

Never before had Ulloriaq experienced such misery. At last he cried out to her, calling her by name, Arnannguaq, not just "you," and threw himself down, trying to tell her how much he missed her and longed for a peaceful life with her, thinking that in doing so he could free himself from part of his burden.

But with horror he realized his companion could not hear him; she was as distant from him as if she were on the far side of the great mountains. For the first time since his ordeal began, Ulloriaq seemed unable to control himself in the presence of

Massakkut Arnannguup ullut arfineq-pingajussaat napparsimaqaluni nalasup killingani issiavoq, unnuaq naallugu sininniarsimagaluarpoq, kiisali Qaasiutit qaajartulerfissaanut naleqqiupput, tassuugunnguaq tarpanganerata nalaatigut qaalerneq saqqummiutilissalluni, qulaanilu Asallut ipuusakasiat tikkualereersimalluni qaajartup nalaanut. Sulili ataasiarluniluunniit aanngaasimanngilaq. Sininniarluni nallaraluaraangat suli annermik eqqarsaataasa naalliutsileraraat. Issiallunilu pitsaanerutippaa.

Unnuaq taanna aatsaat taama aappi napparsimatigisoq misigisimavaa, nappaatinillu paasisimasaqannginnami ujakkanngisimaarlugu ujakkaleraangamiuk toqusimassangatittaraluarpaa.

Kisimiikkallarami kiserliornera suunngilaq. Massakkutummi marluugaanni pisinnaajunnaarsimasumik aappaqarluni ikiorsinnaanagulu, napparsimasoq erligigaanni sulilu pigerusukkaluarlugu, ikiuisinnaasumik eqqaasassarsioraanni, nassaarsinnaananili—aatsaat kiserliorneq erloqinartutut misigisariaqarpoq inuup pissaaneeruffiani inummut palligutilersoq tassa silarsuaq nalunartoq naaggaarneqarsinnaanngitsumik piumasaqartoq, nipeqarluni: ilinnit piumasakka pereerpakka. Massakkullu aggerpunga erliginerusat aallugu! Inullu taama piumaffigineqartoq avataanilusooq pissaanerit tamarmik illaatigigaat, nersutitut nakkaakkiap inuit sanaata iluanut nakkarsimalluni aallariarfissaaruttutut uippallilersillugu.

Ulloriaq aatsaat taama naalliunnartigisumik misigaaq. Kiisamilu "uumaak" pinnagu aappi Arnannguamik taallugu torloraraluarpaa, imminut igivilluni maqaasinini eqqissinermullu marluusut inooqatigiinnerata pianut kipilernini nalunaajaatigiumallugu, taamaaliornermigut nammakkami ilai peersinnaasoralugit.

Annilaaqalunili paasivaa aapparmi tusaanngikkaani, qaqqarujussuit ungataanniittutut imminerminit ungasitsigilersimalluni. Siullerpaamik atoruminaatsunik atuilillaramili Ulloriaq inuup allap saani imminut another person. He took Arnannguaq's feverish hand in his, squeezed it between his own two hands, kissing it and praying with all his might: "Arnannguaq, my love, the invisible force that blessed my youth has abandoned me. Are you going to abandon me too? I know you can't do such a thing. Open your eyes, look at me, just as you used to do every day. Don't kill me, my love!"

These words, almost shouted, were accompanied by tearful weeping. They had lived together like two nunataks projecting from the eternal ice, separated from each other by a great icy expanse; and for them to come together in their hearts that ice had to melt—and the melt-water began to flow from his eyes, thawed out by a warm wind: the longing sighs of love.

As Ulloriaq knelt in grief, everything around him went dark before his eyes. He heard a great rushing sound like the wings of an eagle. A mighty force lifted him up by the shoulders, and suddenly he could no longer feel the ground beneath him. His body, lifted high in the air, was no longer the one that had been weighed down by the burdens oppressing him for so many days. His earthly burdens were left on the ground as he rose. Ulloriaq felt himself naked. He was emerging into the realm of the dead[3] where he was stripped of his human shell. He moved along like a stranger abashed by the presence of invisible traveling companions, over ice-streaked mountains and great snowy expanses, not knowing where he was heading. He was neither walking nor flying. As if drawn along by a current, he passed over land he could not recognize. A bright light shone through from the direction in which he was moving. He soared over great waves that roared alarmingly. And suddenly a deep green world opened up before him, where a wonderful valley lay among high mountains; closely set trees grew all about. It was as if he had been removed from human company and propelled into a marvelous sunny place with shady trees. Here he caught sight of a brightly splashing fountain; around it flowers of all kinds abounded. But just as he had begun gazing with joy at this wonderful sight, the fountain abruptly stopped flowing and dried up. Surprised, he wondered why it had stopped. Soundlessly, in

naalakkersorsinnaajunnaartutut ilivoq. Arnannguaq assaatigut kissaruluttukkut tiguaa, assaa illuttoruullugu assammi iluannut isertorlugu kunissorlugulu ilungersoqaluni qinulerluni: Arnannguaq, asasannguara, ersinngitsup inuusuttuaraaninnik pilluaqqusisup qimammanga aamma illit qimassavinga? Taamaaliorsinnaanngilatit nalunngilara, uinniarit qiviarlungalu soorlu ullut tamaasa iliortartutit. Toqunniaqinanga asasara!

Oqaatsit taakku suaarnerusut qianermik qullinillu ingiorteqarput. Sermimmi nunataasut marluttut inooqatigiissimapput sermimik annertuumik avissaaruteqarlutik, uummatimikkullu naapeqatigiissinnaaqqullugit sermeq taanna aaqqaarsimasariaqarpoq, aanneralu isaasigut kuulersimavoq, anorinit kissartunit supoorneqarluni: asanninnerup kipilersup anersaarulunnerinit.

Saanili seeqqumiarluni Ulloriaq aliasungaartillugu eqqaani suna tamarmi isaanut taartorsuanngorpoq. Siorsunnersuaq tusarpaa nattorallip suluinillusooq. Pissaanerup angisuup tuiisigut kivippaa erniinnaq nunamut tunngajunnaartereerlugu. Timi nunamit qangattaanneqartoq taannaannqilaq ullorpassuarni nammakkanit oqimaatsunit nanertorneqartoq. Nanertuisut nunap pigai qangattaassaanermilu taakku nunamut qimataapput. Ulloriaq tamaqanngitsutut misigaaq. Aniffia silarsuaavoq tarraaruttut silarsuaat, inuup piinik uleersisoq. Ulloriaq ingerlavoq takornartatut ingerlaqatiminut takuneq sapikkaminut ittoorluni, qaqqarsuit aputitartuut narsarsuillu aputaannaasut qulaallugit, nalullunilu sumunnarnerminik. Pisunngilaq timminanilu. Sarfamillusooq ingerlatinneqaannarpoq nunat ilisarsaanngitsut qulaavaallugit. Ornigaanili qaamanersuaq akisuppoq. Malissuit siorsuttut qulangertarpai ittunnersuat annilaarutigalugu. Taamaalluni tikeriallaraa nunarsuaq qorsuulluinnartoq, qooroq alianaatsoq qaqqarsuit portusuut akornat. Taanna orpinnit eqimmattunit tamakkerluni naaffigisimavoq. Inummit tigullugu ingerlatinneqartutut orpiit alanngortaannut alianaatsumut ingerlatinneqarpoq seqinnersorsuakkut. Tassanilu takulerpaa puilasoq qaammarilluinnarluni puilasoq. Eqqaa naasorpassuarnik ulikkaarpoq. Aatsaalli isiginnaakkani alianaatsoq nuannarinermit ukkisileruttoraa puilasoq tassanngaannaq puilajunnaarpoq paqqerlunilu. Tupigusulluni isumaliorpoq sooq taamaannersoq.

his mind, he seemed to hear a human voice reply to his question out of nowhere: "Because there is no one who wishes to drink of me!" As soon as these words were spoken, the flowers all around suddenly began to wither, their leaves falling off, and a violent wind rushed down and blew everything away—including Ulloriaq, carrying him off. Clouds of dead leaves and stirred up-dust swirled through the air on all sides, getting into his eyes so he couldn't open them. The gale kept blowing him farther and farther away. When at last he could open his eyes, he found himself enveloped by a dismal darkness. But within this darkness he felt he was deprived of all cover, as if he had been placed in his nakedness before the eyes of everyone, exposed to the rays of the sun. He struggled against the darkness, which was growing ever more dense, and tried to flee from this terrifying place he had come to—but in vain, for the incomprehensible current just forced him relentlessly onward. The worst of it all was the thought that cried out from within him: "It's your fault—when she came to you, you rejected her. Now you will never find her however hard you search."

Tongues of flame sprang up from the darkness, causing him indescribable torments. Drawn toward him, they lashed out at him as if shooting at a target. Then he felt the power of the Invisible come upon him, and he was no longer merely human: his eyes were opened wide and he was permitted to see what before had been hidden to him. He could see, through the darkness, people on the ground far below him. Down there little human figures could be seen, all sleeping.⁴ From above he could follow their dreams as if looking at pictures, but only for a short time. The things he saw were beginning to shrink as if a string was drawing them tighter together. Presently there was nothing but a circle of light left behind. It was a humble little snow house in which a beautiful young girl was lying unconscious. But looking closer, he saw that it was a little flower in the middle of the ice! The sun shone brightly down. And look—the Inland Ice was beginning to melt, turning into a raging torrent. It burst over its banks. It swept away the land in its path, causing it to crumble and collapse. And in the sound of its collapse he could hear the earth groaning in travail. To think that the earth had to

Oqarnanilu isumaliuinnarsoriniartoq ersinngitsumit inuup nipaata akerpallappaa: imerumaneqannginnama! Taamalu oqarpallattorlu eqqaani naasorpassuit tassanngaannaq toqulerput, pilutaat nakkaallutik, anorersuillu pitorarlutik tamaasa tingippaat Ulloriarlu ilanngullugu tingillugu aallarullugu. Pilutat toqunerpassuit sanngillu tingitaasut silaannarmi kaavinnerannit illuttut issippoq uinneq ajulerluni. Anorersuullu ingerlatiinnarpaa. Taamaalluni ueriallartoq taartuinnarsuarmiilersimalluni. Taartuinnarsuarmiikkaluarlunili toqqorfissaminik ajorsartutut misigisimavoq soorlu inunnut tamanut isiginnaagassanngortitaalluni soorlu tamaqarnani seqernup saqqagaanut ilineqarsimalluni. Taartorsuup taggarinnerujartuinnartup ornikkami tungaanut tukernersortaraluarpoq ornikkani amiilaarnartoq qimarratigiumallugu, saperlunili sarfap paasissaanngitsup pinngitsaalisutut ingerlatiinnarmani. Sunilli tamanit ilungersornarnersaavoq isuma imaattoq iluani nilliasorlusooq: illit pisuuvutit, nammineq ornimmatit ajattorpat, massakkullu ujaraluarukku nanissanngilat.

Oqaluttuarineqarsinnaanngitsumik taama erloqisillugu taartuinnarsuarmi inneerarpassuit takkupput. Taakkulu tamarmik kajungerfigisutut illugu ooqattaasakkatut torarfigilerpaat. Taavalu misigilerpoq pissaanerup ersinngitsup tuffigigaani inuttut ikkunnaarsilluni. Imaappoq: isai uisinneqalerput isertugaagaluit takusinnaalersillugit. Taarsuarmi samani nunamiittut taaq pitarlugu takusinnaavai. Tasama inunnguit sinittut kisimik isigeqqupput. Qulaannit sinnattugaat paasisinnaavai assilissatut isiginnaarlugit, sivikitsunnguamilli. Isigisai qukkiartulerput.[5] Sutut ungeriartortutut illutik. Annikitsunnguaq kisimi ammalorluni qaamalluni nalunaappoq. Tassa illuigannguaq nikanaqisoq. Tassanilu nalavoq arnaq inuusuttoq pinneqisoq ilisimajunnaarsimalluni. Isigeqqissarniariarluguli: naasunnguaq-una sermip qeqqani! Seqinersuarlu qinngulerpoq. Atalu sermersuaq aalersoq. Kuussuaqalerluni ittuttuinnarsuarnik. Supisorsuuvoq. Nunalu supputtarpaa uukkaatiterlugu. Uukkarnerinilu nunap nimaarnera tusaasinnaavaa. Sunaaffa seqinersuaq ajugaatinnagu aasaqalersinnagulu nuna taama atsigisumik naalliuttarpa? Kuussuaq kingumut

suffer so much before the sun attained its will and summer could triumph! The great river retreated, and lo—in its place summer was emerging, beautiful green leaves were sprouting in the cracks of the earth. All sign of pain and impending destruction had vanished. Fresh smells that symbolized the earth's gratitude rose up. This delightful vision faded away. But then Ulloriaq was back on earth, his hands pressing against a moistness like summer dew; he cast himself forward onto it and kissed the beloved land that had struggled as mightily as he himself had—only to find himself next to Arnannguaq's body, damp with fever, his cheek against hers.

---

1) Individuals who disappear into the mountains, e.g., after disappointment in love, in order to die or to attain supernatural powers (returning as ghosts).

2) *Qaasiut* in the singular is the morning star, Venus, here used unusually in the plural.

3) Literally "the world of those deprived of shadows."

4) Literally "only little human beings, sleeping, called to be looked at."

5) Older alternative form for *quukkiartulerput*, "they began to contract."

peerukkiartulerpoq. Atalu, inaani aasaqalersoq, nunap qupisarnerini pilutat qorsooqqissut naalerlutik. Anniarnermik aserornissamullu siooranerup nalunaaqqutaanik takusassaaruppoq. Nunap qujanera tipiginninngorluni qangattarpoq. Isigisai nuannersut aanngarput. Taartorsuarmili isugutanneq nunap aasami kanerneratut ittoq ajaperlugu Ulloriaq kingumut nunap qaanut utertoq pallorpoq nuna asanartoq ima atsigisumik imminermisut sorsussimasoq kunissorlugu. Misigilerporli palusimalluni Arnannguup uinnga qanimanartumit masattoq ersaminik attuumallugu.

Bulldozerip Illinikuini Eqqarsaatit
Thoughts in a Bulldozer's Tracks
Chapter 4

Finn Lynge

The final excerpt in the volume cannot really be considered original Greenlandic literature because it was written in English as a report on political and social conditons in Greenland and later translated into Greenlandic. This excerpt illustrates the application of Greenlandic to political/administrative topics, a "register" which is still being formed today. Most texts of this nature (for example those by Home Rule politicians and adminstrators) are "mixed" in origin and it is virtually impossible to determine whether a given article was originally written in Greenlandic and then translated into Danish, or vice versa since bilingual presentation is the norm. In the journal *Atuagagdliutit*, for example, articles appear in parallel Greenlandic and Danish. Certainly a good deal of this material is at least in part first conceived in Danish.

Many Greenlanders may feel that this kind of Greenlandic is "clumsy" or "ugly" but in the hands of skillful practitioners this is not necessarily the case. As Home Rule assumes more of the administrative functions of the State, it is clear that Greenlandic must adapt to this kind of register. The main problem is the same as in Augo Lynge's time: how to deal with western concepts of an alien "technical" nature. Greenlandic is perfectly capable of creating neologisms for such terms (in the final excerpt we can see many of them), but there is a constant danger, a double danger: on the one hand that the neologism will be too long and clumsy to be remembered easily in a fixed form; and on the other that its meaning will be too transparent, the specific technical sense of the corresponding Danish (or English) expression being easily overlooked. There is in fact an official Language Committee which publishes occasional lists of suggested neologisms in technical areas. A judicious liberality toward loan-words may be advisable in the long run, although for obvious reasons there is considerable opposition to the wholesale adoption of Danish loans at present. Perhaps the situation will be different in the future if the position of English as a means of international communication is strengthened in Greenland.

155

Basic Structure[1]

> A bilingual nation ruled according to the
> principles of representative liberal democracy, with
> close ties to the social and cultural traditions of
> the Scandinavian nations.

This is the present-day structure. There is no doubt that
democracy, in its representative form, is not only the best, but
almost the only possible way for Greenlanders to govern
themselves. Although it can well be argued that the political
leanings of the common people remain authoritarian—many
people still suffering from reverential fear of anybody in a high
position and bowing to their decisions as their ancestors always
did to weather and fate—it is also certainly true that the younger
generation wants a genuine insight and input into basic policy-
making. Given the geographical factors of small settlements
scattered over great distances with difficult communication, it
becomes obvious that the workings of democracy must be along
representative lines.

It also seems obvious that this should be a liberal democracy.
Eskimo thinking has always been liberal. *"Isumaminik,"* as the
saying goes, expressing the tolerance of a live-and-let-live attitude
towards one's fellow man. No doubt, it was among other things
the liberal aspect of Danish democracy that prompted native
leaders of the post-war years to ask for full political integration
into the Kingdom of Denmark in 1953. If any one basic trait of
the Eskimo mentality of old has a direct political bearing, it
certainly must be that of prizing individual freedom.

Tunngavigisaq

> naalagaaffik arlariinnik oqaaseqarfiusoq
> naaalakkersorneqallaqunartoq innuttaasut qinikkat
> aqqutigalugit naalakkersueqataaneranni isummanik
> tamanik ammasuinik oqallissinnaaffiusumi tunngaviusut
> naapertorlugit—naalagaaffiit Skandinaviamiut inuit qanoq
> atugaqarnerisigut kulturikkullu pissuseriuagaat
> attavigilluinnarlugit.

Ullumikkut pissutsit taamaapput. Qularutigisariaqanngilaq
innuttaasut qinikkat aqqutigalugit naalakkersueqataanerat
kalaallit namminersornerulernerannut pitsaanerpaaginnarani
atorsinnaasutuapajaajusoq. Oqartoqarsinnaagaluarpoq kalaallit
nalinginnaasut politikkikkut eqqarsartaasiat qullersanut
naalattussaanermik misigisimanerusoq—suli amerlaqisut inuit
atorfeqqortuut ingasappallaartumik ataqqisaraat
aalajangiinerinullu nakkaannartarlutik, soorlu siulitik silamut
inuunerullu atugassarititaanut nakkaannartariaqarsimasut—
taamaakkaluartorli saneqqunneqarsinnaanngilaq inuusunnerusut
piviusumik politikkikkut malinnaalluarnissaq kissaatigimmassuk
piumassuseqarlutillu isummamik tamanut ammasumik
saqqummiunngisaannut. Kalaallit-nunaanni pinngortitap pissusii
naatsorsuutigigaanni: inoqarfiit siamasissusii, nunap
isorartussusersua attaveqarnerullu ajornakusuussusia
pissusissamisuuginnartutut isiginngitsoorneq ajornaqaaq
innuttaasut naalakkersueqataanerata qinikkat aqqutigalugit
ingerlanneqarnissaa.

Aamma pissusissamisoorsorinarluinnarpoq naalakkersueriaaseq
tassaassasoq innuttaasut naalakkersueqataanerat isummanik
tamanut ammasumik oqalliffiusinnaasoq.[2] Eskimuut
eqqarsartaasiat qangaaniilli isummanut tamanut ammasuuvoq.
Oqariartaaseq "isumaminik" ersersitsivoq inoqatigisat
isumaasigut pissusiisigullu akuliuffiginagit kamaginninnermik.
Qularnanngilluinnarpoq qallunaat innuttaasut
naalakkersueqataaneranni isummanut tamanut ammasuuneq
patsisaaqataasimasoq sorsunnerup kingornatigut kalaallit
pisortaasa Danmarkimut ilanngutivinnissaq 1953-imi[3] pisoq
kissaatigisimammassuk. Eskimuut eqqarsartaasitoqaanni

In order for a liberal democracy to function well, three areas of public morality have to be assured: those of tolerance, solidarity and cooperation. Democracy is no push-button automat.[4] Unless a corporate moral effort is being made, democracy will not work well. How then, have things worked out until now in these three areas?

Faithful to their Eskimo background, Greenlanders are tolerant people. It is hard to imagine a wave of religious or political fanaticism sweeping over this people. Disproportionately blown-up personalities of any kind are quietly deflated by the common people's precious gift of humor.[5] This undoubtedly accounts for the absence of driving, hell-damning religious sectarianism,[6] which is such a plague among certain other North Atlantic nations. People simply do not take themselves or each other that seriously, and they shy away from pushing themselves on to one another.

The true gift of tolerance, though, has two sides. Not only that of *isumaminik*, letting the other fellow have his way, but also that of positively trying to see and understand things from the other's point of view. This is part of the active tolerance that requires intellectual efforts. Greenlanders are not very good at this. Here, the lack of a searching, probing and debating intellectual tradition is being felt. Trying to understand the man next to you, although you disagree with him, requires something more of a person than just tolerating him in an inert and passive manner. However, in order for a Home Rule democracy to function well, it is paramount that opposing parties make an effort to understand one another. At present, budding political

tunngaviusumik politikkip tungaatigut pingaaruteqarluartoq tassaavoq inuit ataasiakkaat allanit qulangersimaneqaratik namminersorsinnaatitaanissaannik piumasaqarneq.

Innuttaasut naalakkersueqataanerat isummanik tamanik oqalliffiusinnaasoq ingerlalluarsinnaassappat inuit amerlanerusut inuusissaasorisaanni uku pingasut ilaasariaqarput: akaareqatigiinneq, peqatigiilluarneq suleqatigiikkusussuserlu. Innuttaasut naalakkersueqataanerat immineerluni ingerlaneq ajorpoq. Ingerlalluarsinnaanngilaq innuttaasut ataatsimoorlutik qanoq inuuseqarnissap tungaatigut ilungersuuteqanngippata. Taavami inuit amerlanerit inuusissaasorisaat taakku tungaasigut qanoq ippa?

Eskimuutut tunngavigisartik naapertorlugu kalaallit inuupput saamagajuttut inoqatigisanillu akaarinnilluartut. Kalaallit upperniaqatigiinnit naalakkersuiniaqatigiinnilluunniit ingasattajaarniartorujussuarnit kalinneqarsinnaanerat takorloorneq ajornakusooqaaq.Inuk ataaseq ingasattumik imminut angisuutinnialeraangat kalaaleqataasa quiasaartarnertik sakkugalugu qullarpallaarnaveersimatittarpaat. Tamanna patsisaagunarpoq Kalaallit-nunaanni upperisamik ingasaassiniarlutik ingerlatsiniartunik Atlantikup avannarpasissuani naalagaaffinni allani persaqutaaqisunik nassaassaqannginneranut. Kalaaleq imminut—kalaallilluunniit imminnut—taamarsuaq pingaarsorinngillat aammalu ilatik pinngitsaaliusarlugit uppertinniassallugit ornigisarinagu.

Inoqatinilli akaarinninneq piviusoq marlunnut assigiinngitsunut tunngassuteqarpoq. Illuatungaaniippoq "isumaminik", tassa inoqatit akuliuffiginagit piumasaminnik ilioqqusineq, illuatungeraali illuatungerisap tungaaniit oqallisigisap qanoq isumaqarfigineqarnerata paasillugulu takusinnaanera. Taaneqartoq kingulleq tassaavoq piumassuseqarluni inoqatigisanik akaarinninnerup ilagisaa qarasaq atorlugu ilungersuasariaqarfiusoq, tamatumanilu kalaallit pikkorissuunngivipput. Tamatumani iluarsiissutissarsiorluni oqallillunilu qarasarsortarneq ileqqorineqanngimmat malunnartarpoq. Sanilerisaq isumaqatigiinngikkaluarluguluunniit paasinissaanut utaqqilluaannarani piumassuseqartariaqarpoq.

movements and parties in Greenland have a major responsibility to educate their supporters to such a meaningful dialogue with political opponents, rather than to brush them aside.

Basic understanding of one another is a condition *sine qua non* for mutual collaboration and without this Home Rule is doomed. Frankly, present-day Greenlanders have a long way to go in learning to work together. In the old times, unanimity in the small settlements was a matter of course. Survival of the group depended on it. As the old ways have been given up, so has a sense of the necessity of standing shoulder to shoulder. This disintegration of aboriginal solidarity, however, has posed no real threat so far, Mother Denmark always being in the background to pull one through. And so, unhappily, a communal sense of responsibility has given way to a rather individualistic looking after oneself. Thus, a large number of well-educated Greenlanders have sought, and obtained, a dispensation from the so-called "birthplace criterion," obtaining for themselves the same wage bonus as people from the outside who have to be given extra benefits to be attracted to work in Greenland. This has created a Greenlandic "upper class" enjoying wages and benefits completely out of proportion to the living standard of local workers such as fishermen and hunters, and hitherto unknown problems and tensions have arisen. Whatever one might think of the "birthplace criterion" for a wage policy, it obviously calls for some sacrifices on the part of the well-educated Greenlanders as well as for general solidarity between the various groups of native wage-earners in order to be the least bit meaningful. Generally, these sacrifices have not been made, and so a strong sense of community has not materialized. Thus, one may very well ask the question whether people in Greenland realize the necessary sacrifices in wage demands as well as the need for corporate solidarity between the various strata of society under Home Rule. This will probably turn out to be one of the most serious questions facing native politicians and decision-makers in the decades to come.

Innuttaasut naalakkersueqataanerat atorlugu namminersorneruneq ingerlalluarsinnaassappat pingaarluinnaqqissaarpoq illuatungeriit imminnut paasiniarsarisarnissaat. Kalaallit-nunaanni maanna naalakkersuinikkut anguniagaqaqatigiit partiillu saqqummilersut annertuumik pisussaaffeqarput isumaqatimik sungiusarnissaannut akerlerisatik suujunnaarsinniaannarlugit pinnatik isumaqarluartumik oqalliseqatigisinnaanissaannut.

Tunngaviusumik paaseqatigiinneq illuatungeriilluni suleqatigiinnissami pinngitsoorneqarsinnaanngilluinnarpoq[7], taamaatoqanngippallu namminersorneruneq atasinnaanngilaq. Iluamik oqassagaanni ullumikkut kalaallit suleqatigiissinnaanermut suli naammattumik piukkunnarsarsimanngilluinnarput. Qanga nunaqarfinnguani isumaqatigiinneq pissusissamisuuginnartutut isigineqartarpoq. Nunaqqatigiit inuuginnarumagunik isumaqatigiittariaqarput. Inuusaasitoqarli nungukkiartortillugu peqatigiilluni sorsoqatigiissinnaanertaaq nungukkiartorsimavoq. Taamatut peqatigiinnissamik misigisimanerup nungukkiartornera maannamut ajortumik kinguneqarsimanngilaq "anaanaq" Danmark piareersimajuarsimammat ajornartorsiutit anigornissaannut ikiuutissalluni. Taamaalillunilu ataatsimoorluni akisussaanermik misigisimaneq ajoraluartumik taarserneqarsimavoq imminuinnaq isumageqqaartariaqartutut misigisimanermik. Taamaalillunilu kalaallit ilinniarluarsimasut amerlasuut sumi inunngorsimanermit eqqorneqarumanatik qinnuteqarsimapput akuerineqarsimallutillu taamaaliillutik imminnut akissarsiarissaartissimallutik, naak akissarsiat pisatik avataaniit suliartortussanik ussassaarutitut angissusiligaasimagaluartut. Taamaalilluni kalaallit pigissaartut pinngorsimapput akissarsiatigut allatigullu atugarissaaruteqarlutik inuusut—tamatumalu kingunerisaanik ajornartorsiutit imminullu saassuteratarsinnaanerit annertuut pilersimapput. Sumi inunngorsimaneq malillugu akilersuineq qanoq isumaqarfigigaluaraanniluunniit taamatut akissarsiatigut politikkeqarneq siunertalimmik isumaqassappat kalaallit ilinniarluarsimasut pilliuteqartariaqarput akissarsiallillu assigiinngitsorpassuit nammaqatigiinnissamik misigisimasariaqarlutik. Ataatsimut isigalugu oqartariaqarpoq taamatut pilliuteqarneq takutinneqarsimanngitsoq

Aside from the exceptional case of genuine idealism, solidarity generally arises when circumstances force people to protect one another's basic interests. Home Rule will create precisely such a set of circumstances, and there is no reason to believe that people in Greenland will not learn from such circumstances, as people have done in other mini-nations trying to fend for themselves. But it will be hard going.

It is hoped that the new need for mutual solidarity in society will also affect people's sense of responsibility in material matters. Willful damage to other people's possessions is alarmingly on the increase today, and not many people seem to care, much less offer compensation. Aside from the obvious effects of the social problems that have invariably followed a too rapid growth and too many changes among a small people, one could make a good case for blaming this partly on the enormous development projects financed from outside the country, when money flowed in a steady stream year after year like God's grace, almost indifferent to waste and abuse. Such a situation was unthinkable in the old days when the lifestyle was undisturbed by the impact of incomprehensible wealth from the outside world, and it will also be unthinkable under Home Rule. As in the present-day Faroes and in Iceland, self-government will compel people to think and react for the good of the whole community, protecting the limited possessions and resources of the country lest Home Rule itself should collapse. It has become the conviction of a great many people in Greenland that only Home Rule is capable of bringing back the basic and necessary sense of values.

nammaqatigiikkusussuserlu taaneqartoq takuneqarsimanani. Taamaammat imminut apereqqajaanarsinnaavoq kalaallit nunatsinni inuit ilisimaneraat akissarsiat tungaasigut pilliuteqarnissaq inuiaqatigiinnilu annertunerusumik nammaqatigiinnissaq namminersornerulerutta pisariaqarmata. Qularnanngivippoq ukiuni aggersuni kalaallit politikeriisa aalajangiisartullu allat apeqqut tamanna ukiuni aggersuni naapitassaasa ilungersunarnerpaat ilagilerumaaraat.

Imminut sussakkeerluni isummanik pingaartitsilluni suliniarnerup saniatigut nammaqatigiikkumassuseq pilersarpoq inuiaqatigiit ataatsimut soqutigisatik avatangiisiminnit tatineqarlutik illersoqatigiittariaqaleraangatigik. Namminersornerulernermi pissutsit taamaattut iserfigineqartussaapput qulartariaqanngilarlu kalaallit pissutsit taamaattut ilinniarfigiumaaraat, soorlumi inuiannguit allat napaniartariaqaleraangamik taamaaliortariaqarsimasut. Kisiannili atorsaanersiuinnaq ingerlasoqarsinnaavianngilaq.

Neriuutigineqarsinnaavoq inuiaqatigiinni nammaqatigiittariaqarnermik misigisimaneq nutaaq kinguneqarumaartortaaq inuit pigisat tamalaat akisussaaffiginissaannut pisisussaassutsimik misigisimanerulernerannik. Allat pigisaannik piaaraluni aserorterinerit amerliartorput oqartariaqarluni annertoqisumik amerliartortut. Soorluluuna amerlanerusunit soqutigineqangaanngitsut sulilu taarsiissuteqarumasarneq qaqutigoornerulluni. Tamakku inuttut atugarisatigut ajornartorsiuteqarnerup ilagai inuianni taama ikitsigisuni sukkavallaamik ineriartorsimanerup allanngortiterivallaarsimanerullu kingunerisaat kingunerinngitsoorsinnaanngisaallu. Aammali pisuutinneqarsinnaapput ineriartortitsinermi pilersaarutit ingasalluinnartumik annertussuseqarsimasut aningaasat maangaannartinneqarnerat atornerlunneqarneralluunniit naatsorsuutiginagit kipisuitsumik avataanit Guutillusooq saammaanneranit aningaasalersorneqartuarsimasut. Qanga taamaattoqarsimasinnaanngivikkaluarpoq inuuneq qallikkut pisuussutinit paasissaanngitsunit akornusersorneqanngikkallarmat. Aammalu namminersornerunermi taamaattoqarnissaa

Finally, liberal democracy cannot function without the ability to cooperate with supporters and opponents alike. In the new situation, conflicting views and competing power blocs are bound to surface in the competition for control. Indeed, conflicts have already arisen over questions of competence between the *Landsraad* (Provincial Council) on the one hand and the Association of Municipal Councils on the other, as well as inside the latter. Greenlanders are now facing a new situation. Unless conflicts lead in the end to meaningful collaboration, Home Rule may be fatally impaired. In the new situation, nobody will want to or be able to look to Copenhagen for the decisive word.

The liberal democracy of Greenland under Home Rule must be established with close ties to the social and cultural traditions of Scandinavia. Greenlanders want a governing body of their own, and a relatively strong one, capable of a firm control over free enterprise, and of channeling the current of finance into an equitable system of benefits for the common people. In the decades to come, this is going to be specially important if and when multi-national industrial companies make major investments in connection with the exploitation of Greenlandic oil and mineral resources. Native leaders in Greenland will need to have very effective control in order to avoid becoming the pawns of multi-national corporations.[8] The most certain way of remaining in control of their own country would be to model the future government after the Scandinanvian systems of social democracy.

takorloorneqarsinnaanngilaq. Soorlu ullumikkut Savalimmiuni Islandimilu takuneqarsinnaareersoq namminersulernerup inuit inuiaqatigiit tamarmik iluaqutissaannik eqqarsalersittarai taamatuttaaq Kalaallit-nunaanni pisoqarumaarpoq tassami inuit nunap pigisai killeqaqisut illersortariaqalissammatigik namminersornerulerneq ajalusuussanngippat. Kalaallit-nunaanni amerlaqaat isumaqartut namminersornerulernikkut aatsaat inuit taamatut pigisat nalillit eriagisariaqarnerannik isuma pigiliuteqqissinnaagaat.

Kiisalu innuttaasut naalakkersueqataanerat isummanik tamanik oqalliseqarsinnaaffiusoq ingerlasinnaanavianngilaq isumaqatigisat akerlerisallu tamarmik suleqatigineqarsinnaanngippata. Pissutsini nutaani isummatigut akerleriinneq pissaaneqarneruniunnerlu tamanut ammasumik erseqqissisariaqalissapput. Landsrådimi kommunillu kattuffiata akornanni oqartussaaneqqisaannermik pisoqartareerpoq aammalu kommunit namminneq akornanni taamatut pisoqartareerluni. Kalaallit pissutsit nutaat tikissimavaat. Akerleriinnerit isumatuumik suleqatigiinnermik kinguneqartanngippata namminersorneruneq annertoqisumik nukillaarsagaasussaavoq. Pissutsit nutaanngorpata arlaannaataluunniit kissaatiginavianngilaa—periarfissaqarnaviaranilu—Københavnliassalluni aaqqiisitsiartorluni.

Kalaallit-nunaanni innuttaasut naalakkersueqataanerat isummanik tamanik oqalliseqarfiusinnaasoq aaqqissorneqartariaqarpoq Skandinaviami inuit atugarisaasigut aaqqissuussisarnermi kulturimilu ileqquusut malisukaarlugit. Kalaallit-nunaamiut namminneq naalakkersuisoqarumapput sapinngisamik nukittuumik inuit namminersorlutik ingerlatsiniarnerannik aqutsilluarsinnaasumik aammalu aningaasatigut tapiissutit inunnut tamanut iluaqutaasussanngorlugit agguarnissaannut piginnaassuseqartumik. Tamanna ukiuni aggersuni ingammik pingaaruteqalersussaavoq ingerlatseqatigiiffissuit nunarsuarmi sumi tamarmi ingerlatsisuusut nunap pisuussutaasa iluaqutiginiarnerannut tunngasumik annertunerusumik aningaasaliissuteqartalissagaluarpata. Kalaallit oqartussaasut oqartussaaffitik aqulluarsinnaasariaqarpaat ingerlatseqatigiiffissuarnit aqunneqaannalissanngikkunik. Nunaminni nakkutiginninnertik isumannaannerpaatikkumagunikku naalakkersueriaaseqartariaqarput Skandinaviami socialdemokrati tunngavigalugu aaqqissuusseriaaseq naapertorlugu aaqqitaasumik.

1) The English original (which I have adjusted in very minor ways) is entitled *The Relevance of Native Northern Development; the Greenland Case*. The excerpt is taken from Chapter 4, "A Cultural Policy for the Home Rule." The Greenlandic translation is by Moses Olsen and P. Fr. Rosing.

2) Literally "citizens governing together, able to discuss everything openly."

3) i.e., *nitten hundrede og tre og halvtres* (see Appendix for the Danish numbers used in Greenlandic).

4) Literally "cannot proceed on its own (without help/effort from without)."

5) Literally "are prevented by the weapon of their fellow Greenlanders' sense of humor from being raised up excessively."

6) Literally "those who try to expound a religion of an excessively exaggerated nature."

7) Literally "can in no way be avoided/done without."

8) Literally "if they are not just to be steered by giant companies."

Glossary

On the list of stems and (uninflected particles, verbal items are followed by a dash and, where relevant on transitive stems, by the associated "half-transitivizer" (detransitivizing suffix) and/or passive participal form in brackets. Following nominal items, plural or oblique forms can be found in brackets when these involve gemination or metathesis, etc. (also typical possessed forms if the stem cannot stand alone). Brackets may also indicate optional elements. As regards nominal stems ending in "t", it should be noted that these generally conceal a final "i_2" (from proto-Eskimo "a"), which may turn up again as "i" or "a" when further material follows. Verbal t-stems that contain this "i_2" underlyingly have it marked in brackets.

The forms taken as basic on the list of suffixes (= "postbases") and enclitics are those occuring after the majority of vowel-stems. I have not indicated all different morphophonological patterns of variation, but the most important distinction, that between "additive" (assimilation) and "truncating" (final-consonant-deleting) suffix types is marked by preceding the former by a plus sign. Suffixes beginning with a vowel, note, are (with few, lexicalized exceptions) of the truncating type, but vowel-initial enclitics cause nasalization of preceding consonants instead (this is reflected in the new orthography except in the case of the nasal equivalent of "q", which simply becomes "r" in northwest Greenland). "Replacive" suffixes such as *ler/er/ser* "provide with", involving more radical fusion with preceding stems, are cited with all relevant variants (they generally begin with an underlying "l"); this applies also to other suffixes displaying somewhat idiosyncratic variation.

In looking up suffixes represented in the texts, it should be remembered that ones that begin with underlying " + j" have alternates with initial "r" after r-stems and *"kk"* after other consonants; ones with initial " + v" have alternates with "p" after consonants, and certain ones with initial " + s" have alternates with "t" after consonants—except when preceded by a historical "i_1" (which generally causes a following "t" to change to "s" even when assimilated to a preceding "a" as "aa").

The latter are cited in both variant forms, as are suffixes with
initial "j" that have alternates with "t" following consonants.
Suffixes with initial " + g" have similar alternates to those in
" + j", whereas those with truncating "g"—with one or two
exceptions—have alternates with initial "r" following r-stems,
with which they fuse. "Recessive" consonents occuring only after
vowel-stems are indicated in brackets.

The only additional symbol on the list of inflective paradigms
is " ÷ ", which indicates "selectively truncating" endings: these are
additive except when they are attached to "weak" consonents
(and vowel) stems—i.e. the majority of nominal q-stems—whose
final consonant they delete. There is some variation here as
regards t-stems (they are generally treated today as strong
consonant stems in the singular—with even 4s *ni* attached
additively—but often still as vowel-stems in "ti₂" in the plural);
also as regards q-stems in the relative and oblique possessed
paradigms (÷ /- indicates such fluctuation).

There are two important factors to bear in mind when dividing
up Greenlandic words in order to look up the constituent parts
(in particular for readers already familiar with Canadian or
Alaskan Inuit dialects). The first is the far-reaching result of
assimilation processes at morpheme boundaries. This works
regressively in the case of two consonants coming together,
resulting in the geminate of the second one, though the spelling
maintains "r" if that is the first consonant, and the result of "t"
or "g" plus "ti" is "tsi". It works progressively, however, in the
case of vowels, so that an "a" followed by "i" (except word-
finally) or "u" becomes "aa". Thus *u* "be" has an alternate *a*
after an "a" and nominal inflection *i* after "a" is "ai" word-
finally, but "aa" before further material. The second factor
concerns the weak frictives "j" and "v". Since these are
automatically reduced to optional glides in certain "homorganic"
intervocalic positions, they are not indicated there in the new
orthography. In fact, the same elements may also be *inserted*
(and written as such) in other environments in order to break
up certain vowel sequences—as in *paava*, the 3s possessed form
of *paaq*. This means, for instance, that suffixes like *juma* and
vallaar (and inflections like *voq*) are written without their initial
consonant when they follow vowels "i" or "u" respectively. On

the other hand, a suffix like *allag* becomes automatically *jallag* following *"aa"*, *juar/uar* becomes *avar* following *"a"* and *iar* becomes *ajar* in the same position.

Stems and Particles

aa-   fetch/bring
aag-   melt
aajinnga   over there
aajuna   see: aana
aak   blood
aala-   move

aalajanger-/aalajangiut(i)- decide
aalajangersor- secure/fasten
aalaq sweat/steam (from s.th.)
aalater- shake
aalisagaq (aalisakkat) fish
aalisar- fish
aalisariut fishing boat
aallaa- shoot
aallaar- go on hunting trip
aallaat (aallaasit) gun
aallaqqaat beginning
aallar- leave/go off (gun)
aallarner-/aallartit- begin
aallasallag- stump off (walking in unusual way)
aallut(i)-(si-) concentrate hard on
aamarsuit (aamarsuar-) coal
aamma(lu) also
aana/aajuna(aajuku) here is/there is (are)
aanaq grandmother
aanngaa- fall asleep/drift off
aanngar- disappear
aap yes
aappa (q)(aappi) companion/other of two
aappalug- be red
aappalunguser- be pink
aappilag- be reddish
aaqqaser- put gloves on
aaqqig- (aaqqitaq) order/arrange
aaqqissor- (aaqqissui-) organize
aarit/aarimmi (there, you can) see
aasaq (aasar-) (become) summer
aasi- spend summer
aasiit see under Enclitics
aat- take/bring
aataaq (aataar-) (catch) saddle-back seal
aatak grandfather
aatsaar- yawn
aatsaat only now/for first time
aatsit- melt
aavar- hunt reindeer

affaq   half
agger-   come
aggor-   separate
agguar-/agguaa-   divide/serve out
agiaq (agissap)   fiddle
agiar-   play fiddle
ajalu-   fall apart
ajaper-   press against
ajassut(i)-   knock into
ajattor-   push away
ajoqersuut(i)-   instruct/show how to
ajoqi   catechist
ajoquser-   damage
ajoqut   trouble/problem with s.th.
ajor-   be bad/(can) not do
ajori-   not like
ajornar-   be impossible/difficult
ajornartorsiut   problem
ajorsar-   suffer want/lose (game)
ajugaa-   win
ajugaqanngitsoq   the Lord (omnipotent)
ajunaar-   die/meet with an accident
ajunngit-   be good
akaari-(nnig-)   like
akerleq   opponent
aki   (place) opposite/price
aki-   reply
akikit-   be cheap
akiler- (akilii-)   pay
akileriit   two sets of things opposite each other
akilersor-   pay regularly/in installments
akiligassaq   debt
akilinermiut   Canadian Inuit
akiliut   price
akimor-   surpass
akiniar- (akiniut)   (take) revenge (on)
akior-/akiuut(i)-   fight/answer back
akissarsiaq   wages
akisu-   be expensive
akisug-   be reflected

akisugug-   shine through
akisussaaffigi-   be responsible for
akker-   lift from underneath
akkittartoq   safety pin
akoqar-   be mixed (e.g. texture)
akorna   (see: akunneq)
akornguser-   hinder
akorngut/akornut   obstacle
akueri-   agree to s.th.
akuersaar-   be agreeable/acquiesce
akuleriig-   be mixed together
akulerut(i)-   mix with
akulikit-   be often/not much space between
akuliut(i)-   mix with/interfere in
akullag-   disperse
akulloqqut(i)-   move/steer amongst
akunnag-   be mediocre/insufficient
akunneq/akorna-   (space) between
akunniler-   intersperse
akunnittarfik   hotel
akuttusi-   become less frequent
akuu-   be mixed in (with s.th.)
alaatsinaat(i)-   keep an eye on
alakkar-   appear
alanngoq   shady side
alapernaaser-   grow inquisitive
alapernaat-   be inquisitive
alar-   look away
alerseq   sock
alianaat- (exclam.: alianaak)   be lovely/wonderful
alianar-   be sad
aliasoraar-   grieve
aliasug-/aliasuutigi-   be sad (about)
alimaar-   be at a distance
alla   other
allaaqqig- (nom: allaaqqik)   be clear (sky)
allaat   moreover/even (when)
allaffik   study
allag-   write

allagi-   consider strange
allak   pattern
allanar-   be foreign
allanngortit-   change
allapag-   be patterned
allarter-   wipe
allassut   difference
alleq   lowest (thing)
alli-   grow bigger
allisitsiuser-   use a magnifying glass
alloqattar-   take several steps
allor-   take a step
allunaaq   rope
alussaat   spoon
alutor(i)-   enjoy/find wonderful
aluu   hello/hi
amaar-   carry on back
amaroq (amaqqut)   wolf
ameq (ammit)   skin/hide
amerla-   be many
amerlasuut   many (things/people)
amerli-   increase in number
amiakkoq   s.th./s.o. left over
amigar- (amigaat)   be lacking/insufficient (thing missing)
amiilaarnar-   be terrifying
amilima-   be narrow/stretched out
amisut   shoal of seals
amma-   be open
ammaloqisaaq   ball/ring
ammalor-   be round
ammaneq   opening
ammar-   open
ammassaaqqat   sardines
ammut   downwards
amoorut   winch/hauling rope
amoqqa-   be hauled up
amu-   pull up
amuar-   haul up
amuartaat   mooring rope
anaa-   hit with s.th.

anaaleri-   bash away at s.th.
anaana(q)   mother/mom
anaarlug-   hit against s.th.
aneersaartarfik   balcony/veranda
anerneq   breath/spirit
anersaami-   sigh
anersaaq   spirit
anersaar-   breathe
anerteri-   breathe deeply
anertikkar-   gasp
angajoqqaat   parents
angajulleq   elder/eldest
angak (voc.: angaa)   uncle/mother's brother
angakkoq   shaman
angala-   travel around
angalaar-   walk around/travel
angallat   vessel/boat/sledge,etc.
anger-   say yes
angerlar- (angerlamut)   go home (homewards)
angi-   be big
angisooq   big (thing)
angu-   catch/achieve
anguarti   rower
anguigaq (anguikkat)   lance
anguigartor-   spear (several times)
angumeri-   manage to meet/see
angut   man/father
angutaat   one's man/boyfriend
ani-   go out
ani (voc.: aniik)   elder brother of woman
anigor-/anigui-   get away/escape (from)
anillag-/anillaat(i)-   come out into s.th.
aningaasat   money
anisarnaar-   blow hard from fjord
anit-(si-) (anitaq)   bring out/produce (words)
annaa-   lose
annaat(i)-   save
annag-   be saved
anneq   biggest
anner-   hurt

annertu- (annertooq)   (be) extensive
anneru-   be more/greater
anngajaaq   rather large (thing)
anniar(i)-   have pain (in/because of)
annikit-   be small/restricted
annilaar-/annilaanga-   be frightened
annivigi-   go out to
annoraaq   anorak/parka/outer clothing
annug-   be cross
anoraasuaq   gust/gale
anorersualiut(i)-   meet with a gale
anori   wind
apeqqut   question
aperi-/apersor-   ask
api-   snow
apor(ar)-   knock into
appaallag-   fall a bit
appar-   sink/go down
appit-   sound/start talking/singing
appiut(i)-   reproach/direct (critical) remarks at
aput   snow (on ground)
aputitaq   patch of snow (on mountain)
apuut(i)-   arrive
aqagu   tomorrow
aqaguani   the next day/day after tomorrow
aqajaroq   belly
aqerlussaq   pencil
aqisserniar-   hunt ptarmigan
aqqa   (see: ateq)
aqqar-   descend
aqqusaar-   go by way of/drop by at
aqqusineq   street
aqqut   way/path
aqqut(i)-   take down
aqqutigi-   go by way of
aqu   stern (of ship)
aqut(i)-(si-)   steer/control
aquut   rudder
aquuteralak   outboard motor
arfanniar- (arfanniaq)   hunt whales (whaler)

arfeq (arferit)   whale
arfineq pingasut   eight
arfinillit (arfineq)   six (+ u: arfiniliu-)
arla(q)   one of them/or other
arlaleriar-   do several times
arlallit (arlalik)   several
arlariit   (two) different teams/languages,etc.
arnaq (arni)   woman/mother
arnarsiaq   foster mother
arngajuerser-   try to regain breath (after a blow)
arpag- (arpaannaq)   (at a) run
arpaliut(i)-   run (off) together
arraa   why/gosh!
arriit-/arrinngit-   do slowly
arritsag-   be in a hurry (to get home)
arsaar-   take s.th. away from
artor-   not be able to manage
asa-(nnig-)   love
asallut   Big Dipper (lit.: the "kayak stool" for harpoon line)
asassut   love
aseror-   break
aserorteri-   smash/destroy
asiar-   walk around in the wilds
asinngar-   fade away
asiu-   go to waste/rot
assag-/assaat(i)-   dig
assak   hand
assartor-   transport
asseqanngit-   be without parallel
assigi-   resemble/be the same as
assigiinngit-   be different
assigiit   things that are the same
assik (assinga)   picture/map/likeness
assiliaq (asilissat)   picture
assoroor-   strain/make effort
assut   very
asuki   I don't know
asuli   aimlessly/for fun
asu   and then (at length)/stop it:
asulu   moreover

ata-   last/persist/be attached
ataaseq (ataatsimik)   one
ataasiakkaar- (nom.: ataasiakkaat)   (do) one at a time
ataasiar-   do once
ataata   father/dad (as form of address also ataa)
ataat(i)-   go below
ataatsimoor-   do together/collectively
ataavar-   persist/continue
atagu   let's see/look here
atali   just listen here
atalu   see/behold.
atanger-   pass below
ataqqi-   respect/honour
ateq (aqqa)   name
ater-   go down
aterfior-   go down to meet (boat)
ati- (ataa)   (space) below
ati-   put on (clothes)
atisat   clothes
ator- (atugaq)   use/go through/follow
atorfik   job
atorfissaqartit-   have a use for
atorsaanersior-   travel in windless conditions/be easy going
atsigi-   so much/be so big
atsipaa(va)   cuff
attarmik   together
attat   button
attat (pl.)   rubbish tip
attataq   appendage
attaveqarneq   communications
attavigi-   cling to/be attached to
attor- (attui-)/attuuma-   touch
atuagaasivik   satchel
atuagaq (atuakkat)   book
atuakkeri-   be occupied with books
atuar-   read/go to school
atuarfik   school
atuartitsi-   teach
atugaq   experienced (e.g. condition)
atukkit-   lend s.th. to

atussaa- be usable
atuut(i)- apply/be in use
avaalaar- shout
avalag- move out (to sea/dance floor)
avalassaar- come apart from s.th.
avaleraq fin
avalleq outermost (towards sea)
avani in the north
avanna(a) north
avannarleq furthest towards the north (thing/person)
avannarpar- go further north
avanner- blow from north (wind)
avasig- be some way out from land
avata(a) (avammut) (area) at large/off coast
avatangiisit surroundings
avig- be divorced/separate
aviisi newspaper (Danish)
avissaar- part/be separated
avittar- embroider
biili car (Danish)
byrådi town council (Danish)
cigaretti cigarette
cykeler- go on bicycle (Danish)
eksameni exam (Danish)
eqalunniar- try to catch salmon/sea trout
eqalussuar- catch Greenland shark
eqeer- be awake
eqeersimaar- be awake/active
eqiasug- be lazy
eqimmat- be close together (several)
eqisar- have muscle cramps
eqit-/eqitaar- embrace/take tightly by hand
eqqa(a) area around
eqqaa- remember/remind/think of
eqqaama- remember
eqqaassutigi- be reminded of s.th. by
eqqaassutissaq memorial
eqqarsaat thought
eqqarsaatersor- use one's intelligence/think hard
eqqarsar- think

eqqissi-   get peace/be at ease
eqqor- (eqqui-)   hit (exactly)/be fulfilled/guess
eqqumiit-   be strange
equutit   kind of seaweed
erfalasoq   flag
eriagi-   value
erinaq   voice/tone
erinarsor-   sing
erininanngitsumik   before long
erinineq   longing
erinitsag-/erinisug-/erinigi-   be impatient (with)
erinner-   sing
erisaq   dried out water-proof skin
erligi-   value
erlinnartut   valuables
erlinnartuusivik   jewel box
erloqi(nar)-   suffer (be painful)
ermiffik   basin
ermig-   wash one's face
erneq (erni)   son
erner/ernger-   do at once
ernersiaq   foster son
erngumanar-   be worrying
erniinnaq/erngiinnaq   at once
errorfik   wash tub
errortassat   dirty laundry
ersaar-   slap
ersaq   cheek
erseqqig-   be clear
erser-   appear/come into sight
ersigi-/ersitsag-   be afraid (of)
ersit-   be visible
guuti   God
hii   hey!
hiisti   horse
fabrikki   factory
iasilaraluttuaq   that looks bad!
iga-   cook
igalaaq   window
igaq   pan

iggavik   kitchen
igit-   shoot/throw
ii-   swallow
iigaq (iikkat)   wall
ikaar-   go across
ikerinnaq   open space
iki-   get/put into (a boat/plane,etc.)
ikig- (ikili-)   be (become) few
ikinngut   friend
ikior- (ikiui-)   help
ikiorti   helper
ikit-   light/ignite
ikkut(i)-   stick in
ikuma-   burn
ikuseq   elbow
ila   fellow/part/one of/some of/relative
ila-   add to
ilaa   isn't it, etc. (tag)
ilaa-   be a member (of s.th.)
ilaana (also ila- plus echoed inflection)   sure/you bet
ilaanni   once/sometimes
ilaaqqut(i)-   join in
ilaatigut   sometimes
ilagi-   be one of/accompany
ilaginnar-   accept what s.o. else wants/does/not complain
ilagisat   family/relations
ilanngut(i)-   add/include
ilaqutaq   member of family
ilassi-   greet/say hello
ileqqoq   habit/custom
ileqqorsor-   sing a folk-song/shanty
ilerasuut   bad conscience
ili-   act/do/become (such)
ili-(si/tsi-)   put (down)/bury
ilimagi-/ilimasug-   expect
ilimanar-   be expected
ilinniar-   study/learn
ilinniarnertooq   student
ilinniartitsisoq   teacher
ilior-   do

ilisari- know/be acquainted with
ilisarsaa- be recognizable
ilisima- know
ilisimajunnaar- become unconscious
ilisimasassarsiortoq explorer
ilisimatooq scientist/researcher
ilisser- cut to shape
ilissi you (pl.)
ilitsoqqut (i)- be used to (from childhood)
ilitsori- come round/recover
iliveqarfik cemetery
illar- laugh
illaruaatigi-/illaatigi- laugh at
illeq sleeping platform
illerfik chest/box
illersor- (ilersuut) protect (protection)
illinikut tracks (left by s.th.)
illit (ilinnut) you
illoqarfik town
illu house
illu- (illua) one or the other (of two)
illuar- move
illuatunga(a) the one/the other side/hand (+gi: illuatungeri-)
illuatungeriit opposing parties
illugi- do at same time as
illugiit pair/two of the same
illuigaq (illuikkat) snow house
illuttoruut(i)- take in both hands
illuttut on both sides
ilu- inside
iluaallior- not be well
iluamik really
iluanaar- (iluanaaq) be lucky/make a profit (lucky you)
iluaqut advantage/s.th. beneficial
iluar- be good/correct
iluari- like
iluarsaat(i)- put in order/make up (mind)
iluarsi-(i-) recover/arrange/improve
iluatsit-(si-) take opportunity to-/do by luck
iluliaq bullet

ilumiu   s.th. inside one (e.g. fetus)
ilummoor-   gasp for breath
ilummut   to the interior
ilungersor-/ilungersua-   make an effort
ilungersornar-   be strenuous
ilungersunar-   be serious
ilupaaq   shirt
ilutiga-(lugu)   at same time as
ima(attoq)   such/thus
imaaginnar-   do continuously/be simply
imaaliallaannaq   just so/simply
imaallaat   luckily/I can just do it as I want
imaannaanngit-   not be ordinary/have special powers (in legends)
imaluunniit   or
imanngarlug-   sound wrong/off-key (drum)
imaq (immap)   sea/contents
imarpik   ocean
imeq   (fresh) water
imer-   drink
imernaallarig-   sound beautifully
imerpala-   be watery
imertaat   container for carrying water in
imertar-   fetch water
imeruersar-   refresh oneself/slake thirst
imigassaq   a drink
imissi-   be full (moon)
imma (nnguaq)   a little
immaqa   perhaps
immer-   fill
immi- (pl. immig-)   oneself
immiartorfik   glass
immii-   load gun
immikkoortit-   distinguish
immikkukajaaq   rather odd
immineer-   do on one's own
immitsisarfik   bar
immuaraq (immuaqqat)   (can of) condensed milk
imu-   roll up
imunga   a long time
inangar-   displace

inatsit (inatsisit)   law
inequnar- be sweet (person)
iner- finish/be developped
inersima- be grown up/adult
ingag- (ingammik)/ingasag- do to especially high degree/too much
ingasattajaar- overdo (somewhat)
ingerla- (ingerlaannaq) go/proceed (directly)
ingerlaar- travel along
ingerlat-(si-) take/move forward/work on
ingerlatitsisoq pilot
ingerlatseqatigiiffik company/firm
ingialluut(i)- accompany/join in
ingiaqatigi- go along with
ingiar- do before s.o. else
ingiarniut(i)- compete at doing first
ingior-/ingiui- sing along (with)/accompany
ingit- sit down
ini (inaa) place/room/(pl.)sledge tracks
inissit- place
innakar- tip over (so it lies down)
innanga- lie in bed
innar- go to bed
inneq fire/a light
inngaalug- clear throat
innger-(ut) sing (song old expression)
inngianar- be dazzling
inniminar- demand respect
innuttaasoq citizen
inoqutit/inoqutigiit family/people living in house
inor-(si-) (inugaq) be unable to attain/reach
inortui- come too late
inuaq (inussat) finger
inuiaat people/race
inuiaqatigiit society
inuk human being
inukuller- faint
inunngor- be born
inussi- find people
inussiarner-/inussiarnisaar- be friendly

inussior-   look for human beings
inuttarsi-   see in human form (of a vision)
inuttat   crew (of boat/sledge,etc.)
inuu-   live
inuulluaqqu-   send greetings to
inuulluar-   live well/farewell
inuuneq   life
inuuseq/inusaaseq   way of life
inuuserig-   have a pleasant appearance
inuussutissat   provisions/means of existence
inuusug-   be young
inuusuttoq   youth
iperar-   release/throw off
ipissar-   sharpen
ippassaani   the day before yesterday
ippassaq   yesterday
ippat   trouser flap
ippernaq   bug/mosquito
ippigi-   feel uncomfortable in
ippik   cliff
ippuser-   start rowing
ipu   handle
ipug-   row
ipuser-   provide with an oar
iput   oar
isaat(i)-   reach out (e.g. arms)/point
isaatitsisarfik   entrance (e.g. to club/dance-hall)
isaruar-   flap about
isarussat (isaruar-)   glasses
iser-   enter
iseriak   mist
isersarneq   wind entering a fjord
isersima- (isersimmattut)   be inside (people inside - e.g. house)
isertor-   hide/be concealed
isi (isai)   eye
isigak (isikkat)   foot
isigi-   look at
isiginnaar-   watch
isigutanneq   moisture
isikkorlug-   look angry

isikku   appearance
isorartu- be stretched out
issaa- (several) sit
issanngu-   have difficulty breathing/be excited
issaq   the other day
issar-   tick
issat   glasses
issia-   sit
issiallag-   fall on backside
issiavik   chair
issit-   get s.th. in eye
issu- be thick
issuk   testicle
issulig-   shake/flap
issut-   shoot at
isu   end
isuma (isummami)   mind/meaning/think
isumagi-(nnig-)   think about/take care of
isumalioqatigiit-   agree on s.th.
isumalior   think
isumaliutigi-   think about
isumalug-   be in a bad temper
isumaminik   to hell with it/let it be
isumannaar-   secure
isumannaat-   be secure
isumaqatigiissut   agreement
isumassaq   thought/idea
isussug-   wisper
it-   be (situated/like)
iteq   backside/anus
iter-   wake up
iterianngu-   be suffering from lack of sleep
itikkattumik   insufficiently (unusual formation from itigar- miss)
itsaq   long ago/in old days
itsuar-   look in/out
ittoor(i)-   be shy (of)
ittoq   oldest man in house/leader
ittug-   roar
iva-   foster/brood over
ivertit-   put in position

iviangeq   woman's breast
ivigaq (ivikkat)   grass/straw/hay
ivigartar-   bring in hay
juulli   Christmas (Danish)
kaajallag-   go around
kaamisaa-   push (go around)
kaanngar-   come loose
kaasarfik   pocket
kaassali-   ride wave
kaavig-   go around/rotate
kaffisor-   drink coffee
kaffisorfik   coffee pot
kajor-   be brown
kajumigi-/kajumitsag-   feel like (doing)
kajumissaar-   encourage
kajunger-   attract
kalaaleq (kalaallit)   Greenlander
kalaallit-nunaat   Greenland
kalig-/kalit-   tow/drag along
kalluaa-   push onwards
kamag-   be angry
kamagi-   tolerate
kamassaq   (reason for) anger
kamillaanga- (kamillaanngarmik)   be barefoot
kammalaat/kammak   comrade
kanerneq   dew
kangerluk   fjord
kangi-   east
kanna (kassuma)   he/it down there
kanngit-   get stuck/jammed
kapiseq   gut-skin kayak jacket
kappiala(ar)-   wail/complain
kasug-   beat
kasuttui-   beat/knock against (repeatedly)
katersor-/katersui-   gather/harvest
katsorani   soon/at once
kattuffik   association
kattut(i)-   join
katu   drum-stick
kavasser-   put on a jacket

kiag-   be hot
kiagug-   sweat
kiasik   shoulder-blade
kiffaq   servant/helper
kigaatsumik   slowly
kiganngaq (kiganngar-)   south wind (blows)
kigut   tooth
kii-   bite
kiinaq (kiinni)   face
kiisa(mi)   finally/what a
kiisaqattar-   set fox traps
kikiaq (kikissat)   hook
killiffiler-   set limit
killig-   affect
killik (killinga)/killerpiaq   edge/limit
killinnar-   be moving
killormut   the other/wrong way
kimillanneq   scratch/tear
kimmi(ar)-   hold/clench between teeth
kimmut   to the west
kina (kimik)/kikkut   who?
kingoqqiut(i)-   turn/go away
kingorna (kinguneq)   after
kinguaaq   descendant
kingulleq   last
kingulleriit   generation
kingumut   back
kinguneq   result
kingusinaar-   be late
kinnganeer-   remove sludge (at bottom of s.th.)
kipisuit-   be ceaseless
kipit-   yearn for/be dying for
kippar- (kippasig-)   go (lie) further west
kisar-   drop anchor
kiserlior-   live alone
kiserngorut(i)-   be left alone
kiserratsaami   quite alone
kisi- (kisiat/kisimi)   only/alone
kisianni   but/only
kisig-   hesitate

kisimiit-   be alone
kisit-   count
kissaatigi-   wish for
kissag-   get heated/heat up
kissar-   be hot
kissarsuut   stove
kissumiar-   carry in arms
kiti- (kitaa)   west
kivi-(tsit-)   sink
kivig-/kivit-(si-)   raise/lift
kommuni   municipal council (Danish)
koruuni   crown (Danish monetary unit)
kueraavik   bowl
kufferti   suitcase (Danish)
kui-   pour out
kujata(a)   south
kukku-   make a mistake
kulloq   thumb
kulturi   culture (Danish)
kumoor-   say "godmorgen" (good morning—Danish) to
kunig-/kunissor-   kiss
kusagi-   like/find beautiful
kusanar-   be beautiful
kuualaar-   trickle
kuug-   stream/flow
kuuk   river
kuuttarfik   tap
maangaannaq   way out here somewhere
maangaannartit-   waste/squander
maani   here
maanna(kkut)   now
maannar-   come here
majorag-/majorallag-   run up on beach (boat/sledge)
majuar-   go up
majuut(i)-   take up
makit-   get up
makkariina   margarine
makkortaq   shoe
malartit-/malaat(i)-   tilt back
malersor-   follow/persecute

malig-(nnig-)   follow (malillugu: according to)
malik (mallit)   wave
malisukaar-   follow closely behind
malitsi (malittaa)   one that follows/follower
malinnaa-   follow/go along with
malugi-   notice
malunnar-   be noticeable
mamalaaq   jam (Danish)
mamar-   taste good
mamit-   heal/close-up (wound)
mangut-   put/shove in
manittor-   sob
manna (matuma; makku)   this (these)
mannger-   be hard
manngut(i)-   put in with s.th.
manu   area between neck and chest/throat piece
mappiut(i)-   open door for
maqaasi-   miss (s.o.)
maqitsi-   pump/tap off
marluk   two
masag-   be wet
masatser-   wet
maskiina   engine (Danish)
massa   although/indeed
massakkut   now
matoor-   cover
matserfik   frame (of door)
matu   door/gate
matu-   close
meeraq (meeqqat)   child (children)
meqqoq   hair
mersernar-   look unapproachable
mianersor-   be careful/cautious
miligaq   entrance stone of fox trap
miliuuniutilik/miliuuneeri   millionaire
milli-   grow smaller
miloriut(i)-   throw
minneru-   be less/smaller
minnikoor-   sort out the smallest
misar-   break surface with snout (e.g. seal)

misiar- deny
misigi- feel
misigissuseq feeling
misilig-/misilii- try
misissor- (misissui-) examine
missilior- be approximately (time or space)/estimate
missiliuut(i)- compare with
morsug- thrust/sink into
mulu- stay away (on hunt, etc.)
naa- finish/do all of
naa- grow
naag- stumble (over)
naagga no
naaja seagull
naajarluk greater black-headed gull
naak although
naakkaluar- miss when throwing harpoon
naalag- obey
naalagaaffik state/realm
naalagaq (naalakkap) captain/chief/leader
naalakker(sor)- give orders(to)/govern
naalakkersueqataaneq democracy
naalig- harpoon
naalliug- (naalliut) suffer (torment)
naami(k) no
naammaannar- be moderate/just enough
naammag- be enough
naammagi- be satisfied with/think it enough
naammassi- complete
naammatsit- have had enough
naammattoor/naammattuui- come across/do by chance
naapertorlugu according to
naapertornarsi- become time for s.th.
naapertuilluar- be fair/just
naapertuut(i)- correspond exactly/be right
naapit-(si-) meet
naasoq flower
naatsiivik garden
naatsorsuut(i)- consider as
naatsorsuutigi- take into account

naggat   end
nagguartooq   one with big joints (e.g. heavy fist)
naggueqat   person of same racial background
najoqqutari-   have as basis/according to
najor-/najuut(i)-   stay/live with
najorsi-   (have a) drink
najugaqar-   live (somewhere)
nakanga-   stand, etc., with lowered head
nakeri-   like
nakernar-   be attractive
nakkaakkiaq   trap
nakkaannar-   give in/comply
nakkar-/nakkaa-   fall down/off
nakkut(i)-   look at carefully
nakkutigi-(nnig-)   keep an eye on/look after
nakoqqa-   be drunk
nakorsaat   medicine
nakortit-   be cured/recover
nakuaq   a strong person
nakuussuseq   strength
nala-   lie
nalaat(i)-   happen (by chance)
naleqqersor-   estimate
naleqqiut(i)-   compare to/put (come) level with
naleqqut(i)-   be suited to/fitted for
nalerisimaar-/naleritsag-   be content (again)
nali (nalaa)   time/place on level with s.th./value
naligi-   be worth/equivalent to
nalinginnaq   ordinary/usual
nallar-   lie down
naller-   be time for
nalligi-   be sorry for
nallinnar-   be pitiful/wretch
nalliut(i)-   occur
nalliuttorsiorneq   anniversary/celebration
naloraar-   wade
naloriut(i)-   throw down/away
nalorni(sigi)-   be in doubt/uncertain (about)
nalu- not know
nalunaajaatigi-   explain

nalunaaqutaq/nalunaaqqutaq   watch/clock/ mark/label
nalunaar-   announce
nalunaarfigi-   inform
nalunaat-   be clear
nalunar-   be unknown
nalunngit-   know
nalut-   throw away (from self)
nammag- (nammagaq)   carry on back
nammaqatigiinneq   solidarity
nammineq   oneself (pl.: namminneq)
namminersor-   be autonomous/independent
namminersorneru(ler)neq   Home Rule
nanertor-   weigh/press down
nangaa-   hesitate
nani-   find
napa-   stand up/make a living
napakar-   fall straight down into/onto s.th.
napi-   break
nappaat   illness
nappar-   raise
nappar-   fall ill
nappartaq   barrel
napparut   mast
nappat   livelihood
naqinneq   (finger)print
narnut(i)-   press down on
narrujuummi-   be annoyed
narsaq   meadow/plain
nasiffik   look-out place
nasig-   be on look-out
nassaar-   find
nassar- (nassataq)   bring along
nassiut(i)-   send
nasssuiaa-   explain
nataaq   bottom of s.th.
nataarnar-   catch halibut
nateq (naqqa)   floor/bottom
natseq   fjord seal
natsisit   floor slabs in traditional house
nattoralik   eagle

naveer-   berate/yell at
neeqqulug-   creak/rattle (also of kettle boiling)
neqi   meat
neri-   eat
nerisassat   food
neriug-/neriuutigi-   hope
nerpik   fish (meat)
nerrit(i)-   eat (feast)
nerrivik   table
nersor-   praise
nersornaat   praiseworthy thing/praise
nersut   land animal
niaqoq (niaqqi)   head
niaqorlug-   have a headache
niaqulaar-   be crazy
nikallor-   be depressed
nikanar-   be inferior/humble
nikit-   move/budge
nikuit-/nikutser-   stand up
nilak   freshwater ice
niler-   fart
nillataar-   (nom: nillataaq) be cool
niller-   give a shout/raise voice
niller-   be cold
nillia-   scream
nillor-   get cold
nimaar-   groan
nimeq   binding
nimeruaar-   be striped
ningioq   oldest woman in house
ningit-(si-)   let down (e.g. on rope)
nipanger-   become silent/stop talking
niperujoor-   hum
nipi (nipaa)   voice/sound
nipigi-/nipaqar-   say/exclaim s.th.
nipikitsumik   softly/in low voice
nipilersor-(tut)   make music (band)
nipilersortartoq   musician
nipilersuut   music
nipinngavigi-   cling/adhere to

nipitu- (nipittor-)   be (grow) loud
nippag-   raise voice
nittar-   show/hold up
niu (nissut)   leg
niu-   get out of boat, etc.
niuer- (niueriaq)   (one going to) trade
niuertarfik   shop/store
niuertoq   trader/storekeeper/trade manager
niuffior-   go down to meet (boat/sledge)
niver-   fall backwards
niviaq (nivissat)   young girl
niviarsiaq   girl (+u "be": niviarsiu- or niviarsiaa-)
nivinngar-   hang/mount
noqit-(si-)   pull towards self/hold back
noqqitsag- (for more usual noqqaa-)   feel restless/drawn
   towards s. th.
nuannaar-   be happy
nuannari-   enjoy
nuannaariar-   go on a trip (for fun)
nuanner-   be fun/enjoyable
nuannisaar-   be out for a good time
nui-   appear (before one)
nuiaq   cloud
nuilaqutinga-   be embroidered
nuisa(ar)-   project/stick out
nujaajar-   cut hair
nujaq (nujai/nutsani)   hair
nujartu-   have long hair
nujanga-   be small and helpless (child)
nukappiaq (nukappissap)   boy
nukappiatoqaq   (old) bachelor
nukik   strength/sinew
nukillaar-   loose one's strength
nukinger- (nom: nukingiinnaq)   hurry
nukingitsag-   hurry/feel impatient
nukittooq   strong (thing)
nuleer-   lose one's wife
nuliaq (nulia)   wife
nuliar-   marry/get a wife
nuliarseri-   try to get as wife

nuliit- be without a wife
nuna land
nunaqarfik village
nunaqqat s.o. from same land/settlement
nunasi- settle in a new place
nunataq nunatak/peak sticking up through Inland Ice
nunavik mainland
nungu- disappear (behind horizon)
nungut- use up/finish off
nusug-/nusukaa- tug at
nusutsit- be tugged from boat (by animal on line)
nutaaq new (thing)
nutaggarik brand new
nutaraq inexperienced pup
nutsug- tug/jerk
nuug-(si-) move
nuuk promentory/point
ooqattaar- (nom: ooqattaarut) try/attempt/experiment
ooqattaasar- shoot at target
oqaaseq (oqaatsit) word/language
oqaaseqar- speak
oqaasipilug- swear/curse
oqaatigi- talk about/say of
oqallit(i)-/oqallisigi- discuss/argue
oqallorig- speak well
oqaloqatigi- talk with
oqalualaaq (oqalualaar-)/oqaluasaaq (tell) story
oqaluffik church
oqalug- speak
oqaluttartoq gramophone
oqaluttualiaq novel
oqaluttuaq story
oqaluttuari- tell about
oqaluttuut(i)- tell about s.th.
oqaluuseri- talk about
oqar- (also oqami-) say
oqarasuar- make a phone call
oqarfigi- speak to
oqariartaaseq expression
oqartussaa- have responsibility (for s.th.)

oqiliallag- become lighter/relieved
oqimaaqatigiinneq   balance
oqimaat- be heavy
oqinnguaq   deer
oqit- be light
oqorunar- be warm (clothes)
oqorutit   bedclothes
orlu- fall down
ornig- (ornigaq/ornitaq)   go up to (destination)
ornigi- feel like doing s.th.
orpik   tree
orsii- fill s.th. with fuel
orsoq   blubber/fuel
orsussaasivik   fuel can
paa-   stay at home
paa-(nnig-)   fight
paaq   soot
paaq   entrance to house
paaqartinngit- not understand/be at a loss
paarlag-   cross
paarsi-   look after
paasi-(nnig-)   understand
paasiniaa- try to find out
paasissaanngit- be incomprehensible
paatsiveerut(i)- be confused
paffa   up there
paffik   wrist
paggavik   fighting place
pakasar(tit)- be surprised
pakkut(i)- embrace
palasi   priest
paler- be sunburnt
pallig-/palligut(i)- approach
pallor-/palu- fall forwards (onto stomach)
pamioq   tail
paner- be dry
pangallukaar- gallop/run (animals)
panik   daughter
pappiala   paper (Danish)
paqqer- be dried up

parsiar- go to meet
partii (political) party
pasi- suspect (s.o.)
pasitsag- suspect
passut(i)- treat (e.g. skin)
patsisissarsior- look for a reason/pretext
patsit (+u: patsisaa-)
pattag- slap/pat
pav-(unga) up there
peer-/peerut(i)- go away/remove
peqar- have
peqataa- be along (with him/them)
peqatigiit union/association
peqit- bend
peqqaat(i)- handle gently
peqqiillior- be unwell
peqqinneq the very middle
peqqu- order
peqqusaar- entice/tease
peqqusiileqi- be embarrassed
pequer- be in high spirits
pequtit furniture/possessions
periar- notice
periarfissaq opportunity
perlaaq runner (of sledge)
perngar-/pernar- do for first time
peroor- cover with stones
peror- (perorsar-) grow up/develop (bring up)
perpallag- sound
persaqut hindrance
persorsualiut(i)- meet with a snow storm
persuarsior- make a big show of s.th.
perullulior- make mischief/trouble
perusaq s.th. held down with stones
pi- say/address/happen/do/get/see/thing
piaar- do early
piaari- do on purpose
piareersar- prepare
pigaar- stay up all night
pigaluaqaaq (with aamma:) you don't say!

pigi-(nnig- pigisaq)   own (goods)
pigiliut(i)-   have learnt/acquired
piginnaassuseq   competence/ability
pigissaar-   be well off
piiar- (piiaa-)   remove
piitanger-   be mischievous/frisky
piki-   get ready (to leave)
pikkorig-   be clever/good at
pikkunaat-   be weak
pikkunar-   be strong/violent
pikkuser-   get busy/enthusiastic
pikkusug-   do with enthusiasm
pileqqaat   beginning
pilerinar-   be desirable
pilerisug-/pileritsag-/pilerigi-   be keen on/feel like
pilersaarut   plan
pilersuisoq   provider
pilik   place/thing provided with (plenty of) s.th.
pillagunar-   be stocky
pillaqqig-   be good at s.th.
pilliut   sacrifice
pilluaat-   be unhappy
pilluaqqusi-   bless
pilluar-   be happy
pillugu   concerning/because of it
pilutaq   leaf
pimoorut(i)-   set about in earnest
pinaat-/pinaaser-/pinaaller-   be unwilling/refuse
pingaar-(ut)   be important (thing)
pingaartorsior-   be in a solemn mood
pingaartumik   especially
pingajuat (pingajussaq)   the third (time)
pingasut   three/15 minutes after hour (clock time)
pingatser-   provide with a third
pingeq   reddish drift-wood
piniaasar- make an effort
piniar- (piniartoq)   hunt (hunter)
piniinnar-   keep trying
pinnagu   not (it)
pinnarsor-   make beautiful

pinner- be beautiful
pinnerneq the most beautiful
pinngitsaali- force
pinngitsoorani necessarily
pinngortitaq creature/nature
pinnguari- play with
pinniffaarik one who is a good hunter
pisaq (pisari-) caught thing (catch)
pisassarsior- look for s.th. to do/get
pisataq material/piece of property
pisatarig- be well furnished
pisatser- prepare things for guests (archaic)
pisiaq (pisiari-) s.th. bought (buy)
pisimasoq event
pisooq rich (person)
pisorataar- march up and down
pisorpalaar- a noise is heard
pisortaq leader
pissaaneq power
pissanga- await expectantly
pissaqar-/pissarsi- get/acquire
pissatsit- grow strong
pissig-/pisseqattar- jump
pissuseq behaviour/condition
pissusissamisut natural
pissusissamisoor- be obvious/natural
pissut cause/reason
pisug- walk
pisuloor- go for a walk
pisussaaffik responsibility
pisuttuar- go for a walk
pisuu-(ssut) be rich (wealth)
pisuu- be guilty/cause of s.th.
pitorar-/pitoraat(i)- attack/swoop down on
pitsak (pitsaa-) (be) good/fine
pitug- moor
pituutaq (pituuttat) harness/trace (on dog sledge)/mooring line
piuar- do stealthily (e.g. creep up on s.th.)
piukkunnar- be suited
piumasassinnik/piumasannik as you wish

piuminar- be easy to get to
piumminik   as usual/as he is wont
piviu- be real
politeeq   policeman
politikeri   politician (Danish)
politikki   politics
pooq   bag/sack/container
portusooq   tall/high (thing)
puaasaq   bubble
puala- be fat
puallar- get fat
pueqqor- be cold
puffaat(i)- get angry with
puffag-/puffassimaar- be angry
puigor- forget
puila-(soq) spurt up (fountain)
puiuikkiut(i)- never forget
pujoq (pujor-) fog/ steam/smoke
pujortaat   pipe
pujortuleeraq (pujortuleeqqat)   motor-boat
pukkitsoq   shoe (literally: low thing)
pula- creep in/pull back in
pulaar- visit
pullag- swell up
pullasior- make a trap
pullat   trap
pussugut(i)- squeeze/jam
putoqar- have a hole/be bandy (legs)
puttut(i)- stick head through (e.g. door)
putugoq   toe
puut- be confused/beside oneself
qaa   come on!
qaa- (on) top
qaa(jar)- become day/dawn
qaallorig- (nom.: qaallorik) be shiny white
qaama- be bright
qaami   come (on) then!
qaammaqqut   illumination
qaammarsar- illuminate
qaammat   moon

qaanger-/qaangiut(i)-   pass
qaannat   (see: qajaq)
qaartartoq   cartridge
qaaruaq (qaarussat)   kerchief (on head)
qaasaa-   invite (to eat, etc.)
qaasiut   Morning Star
qaatigooq   overcoat
qaffia-   go up and down
qajaa-   capsize and drown (from kayak)
qajaq (qaannat/qaannamik)   kayak
qajartor-   paddle/travel in kayak
qajartuar-   practice kayaking
qajassuar-   do carefully
qalag-   boil
qaleralig-   catch Greenland halibut
qaleraq   outer skin of tent
qaliaasaq   awning
qaliaq   loft/attic
qalipaat (qalipag-)   paint
qalleq   that which is over/on top
qaller(sor)-   cover with s.th.
qallunaaq   white person/Dane/foreigner
qallunaartat   woolen socks
qallunni(ar)-   go to/frequent white people
qallut(i)-(si-)   scoop up with
qalut   net for small fish
qamig-   put out/go out (light)
qamutit (pl.)   sledge (one)
qamuuna   inside
qaneq (qarni)   mouth
qanga (aniit)   (since) long ago/when
qangali   long ago already/how
qangatooq   old-fashioned dress
qangattar-   rise up
qani-   accompany an one's way
qanig-   be near
qanilli-   approach/have come near
qanimanar-   be feverish
qaninneq   nearest (thing)
qanoq   how

qanoraa   what did you/he say?
qaputsit-   make angry
qaqi-   come up on s.th.
qaqit-(si-)   take up on s.th.
qaqor-   be white
qaqortuliaq   white bread
qaqqajunnaq/qaqqasunnaq   hill
qaqqaq   mountain
qaqugu   when? (future)
qaqutigoor-   do rarely/be rare
qaqutigut   rarely
qaraar-   there are breakers (waves)
qarasaq (qarasarsor-)   (use) brain
qarliit   trousers
qarloq   lip
qarlor-   twitter/cry (birds)
qarmaq (qarmar-)   (make) wall (for)
qarni   (see: qaneq)
qarsoq   arrow
qarsut(i)-   pass over
qasigiaq (qasigissap)   speckled seal
qasigiaraq   young speckled seal
qassi- (qassiit)   several
qassit   how many?
qasu-   be tired
qasuerser-/qasuersaar-   rest
qataajaqer-/qataajaqi-   speak in high-pitched voice
qataat-   be high-pitched (voice)
qatanngut   brother/sister/sibling
qatigammig-   lean against/put back against
qatigaq   back
qatsor-   die down/become calm
qatsunga-   be calm/still
qatsut(i)-   be tired of
qattaq   bucket
qattunersaliaq   platform (e.g. for musicians)
qavannga   from the south
qeersaar-   have greying hair
qeqar-   stand
qeqertaq   island

qeqertaraar-   have many (scattered) islands
qeqqani   in the middle of it
qeqquaq (qeqqussat)   seaweed
qernajaarneq   black rippling on water
qerner-   be black
qernertaq   black fox
qia-(nngarmi)   cry(-ing)
qiima-   be in a happy mood
qiimaat-   be in unhappy mood
qiimmag-   cheer up
qiinga-   be slanted (eyes)
qilaat   drum
qilak   heaven/sky
qilanaar(i)-   look forward to
qiler(sor)-   tie
qilersuut(i)-/qilerut(i)-   tie to
qilerussaar-/qilerussaajar-   untie
qilerutaarut(i)-   untie/loosen hair
qillarig-   shine brightly
qiller-   shine
qillersaat   polish
qillertuusaq   (tin) can
qiluaa-   grill
qimaa-   run away/flee
qimag-/qimagut(i)-   leave
qimarratigi-   flee from
qimarravik   refuge/place of escape
qimataq   s.th. left behind
qimerloor-   take a look at/observe
qimmeq   dog
qimusseq   sledge team
qimusser-   travel by dog sledge
qiner(tor)-/qinerler-   look around/elect
qingaq   nose
qinngor-   shine
qinnguaq   ray
qinnut(i)-   pray for
qinu- (qinnuigi-)   beg/pray (to)
qissaser-   burst into tears
qissigi-   be ashamed to approach

qissimig-   look askance at
qisuk   wood
qiteq (qeqqa)   middle
qiteqqut(i)-   be half done/strike half hour
qiterleq   middle finger
qiterui-   be half on (pan on stove, etc.)
qitig-   dance
qitigiaq   dance (melody)
qitornaq   child
qittat(i)-   dance together (enthusiastically)
qiviar-   turn and look (at)
qivioq   down/fluff
qivit-   go off into mountains (to die)
qoqaarissi-   appear reflected in water (of land)
qoqernar-   be deafening
qooroq   valley
qooruusaq   small valley
qorfik   urine bucket
qorsooqqig-   be fresh green
qorsuk   green (thing)
qorsunneq   smell of urine
quaat-   slip
quarsaar-   be shocked
quersuaq   warehouse
qui-   urinate/pee
quianar-   be amusing
quiasaar-   have fun
quja-   say thank you/be thankful
qujaannar-   say thanks but no
qujagi-   be thankful for/value highly
qujagisaq   favourite child
qujanaq   thank you
qukkiartor-   gradually shrink
qulaaluat   nine
qulaat(i)-   go/move/jump over
qulanger-   pass over
qular-(ut)   doubt
qularnar-   be doubtful
quleruaq (qulerussat)   gunwale (around deck)
quli- (qulaa)   (area) above

qulit   ten
qullar-   rise/have risen
qulleq   tear (in eye)
qulleq   topmost (thing)/ lamp
qullersat   leaders/authorities
qummaatari-   pee into (bed/pants, etc.)
qummut   upwards
qungaseq   neck
qungujug-/qungujula-   smile (latter also used nominally)
qungussutariannguaq   "The Little Mermaid"
qupi-   split
qussaataq   wedge
qussar-/qussaa-   try to split with wedge
qussiit-   be hard to split
qutsaser-   dance around for joy (esp. old women)
qutsavigi-   thank
quttoraq (quttoqqat)   thigh
radio (apparat)   radio (Danish)
radioavis   radio news (Danish)
saa-   (in) front
saama-   be gentle
saamerleq   left hand (one)
saammaanneq   (God's) grace
saaneq   bone
saapiloor-   berate/use strong language towards
saarar-   several turn towards
saassut(i)-   attack
saat-/saatit-/saasar-   face/turn towards
saat-   be flat/thin
saffiugassat   metals
sajug-/sajukulaar-   tremble
sakag-/sakattaat(i)-   bump into
sakkortu-   be powerful
sakku   instrument/weapon
sallaat-   be gentle
sallu-   lie
sam-(unga)   down there
sammi-   occupy oneself with/entertain
sana- (sanaaq)   make/form (made thing)
sanaroor-   see a vision

sanarsor-   put on clothes (ready to leave)
sanasoq   carpenter
saneqqut(i)-   pass beside
saner-   sweep
saneraq   side (person's)
sangu-   turn
sani   side
saniagut   besides
sanileq/sanilerisaq   neighbour/person next to one
sanna(a)   (its) form/way it is built
sannakut   (wood) shavings
sannerut   yard (on ship's mast)
sanngit (pl.)   dust
sanningasoq   cross
sapaat   Sunday
saper-   not be able to
saperngu-   be trapped by weather
sapinngisamik   as well/much as possible
saqi-   serve food/go round doing chores
saqisoq   waiter
saqqar-   shine on
saqqummer-   appear
saqqummiut(i)-   reveal
sarfaq   current
sarfartor-   use electricity
sarpik   propellor
sarsut(i)-   pass in front (of)
sassar-   step forward
sattaar-/satsig-   feel/grope
sava   sheep
savaaraq (savaaqqat)   lamb
savaatilik   sheep-farmer
savalimmiut   the Faroes
savig-   put tip on harpoon
savimineq   metal
seeqqernit (pl. of seeqqineq)   woman's sealskin trousers
seeqqoq   knee
seeqqumiar-   kneel
seqineq (seqernup)   sun
seqinner-   be sunny

seqqor-   go off (gun)/shoot
seqqoraluar-   have been fired too many times (gun)
seqqulug-   produce a cracking noise
sermeq   ice/glacier
sermersuaq   Inland Ice
sernigi-   protect
serpik   "sleep" in eyes
serra-   sing a magic song/say a spell
siaar-   stretch out
siamasig-   be scattered
sianer-   ring (bell)
sianigi-   be aware of/realize
sianiit-   be foolish
siffiaq   hip
sikag-   harden
sikker-   form ice (on sea)
sikker-   blossom
sikorsuit   drift ice
siku (siku-)   ice (freeze over)
sila   weather/outside/force of nature/mind
silaannakkoorut   airship/zeppelin
silaannaq   air
silagig- (nom.: silagik)   be good weather
silarluliut(i)-   meet bad weather
silarsuaq   world
silata(a)   outside (of it)
silatanger-   be outside of
silig-   be wide/thick.
silittoq   coarse rolling tobacco
sillimmat   reserve supply
simissiaq   sack-cloth
siner-   follow coast
sineriaq   coast
sinerpar-   move towards the coast
singerneq   ankle
singit-   let down (e.g. boat into water)
sini (sinaa)   shore/edge
siniffik   bed
sinig-   sleep
sineriaq (sinerissap)   coast

sinnattor- (sinnattoq)   dream
sinneq   remains/rest
sinner-   exceed
sinnerseraat(i)- alternate doing s.th./do in turns
sinngor(tit)-   blush/be red-faced
sioora-   feel threatened
sioqqut(i)-   forestall/do early/before
sioraq (sioqqat)   sand
siorna (siuneq)   before
siorna   last year
siorsug-   make a rushing sound
sipaar-   save (up) (Danish)
siparni   bucket (Danish)
sipi-   split/rip
sipporut   s.th. left over
sisag-   harden
sisamaat   fourth
sisamat   four
sisorar-   ski
sissaq   beach
sissaq   fly (of trousers)
sissiugaq   quay
sissuer-   pay careful attention to
sisu-   slide down
siu   front (e.g. of boat)
siuaasaq/siuleq   ancestor
siulersoq/siulersorti/siulersuisoq   chief/leader
siulleq   first (thing)
siullerpaamik   first
siumut   forwards
siunertaq   intention/goal
siunnersui-   suggest
siunnersuut   suggestion
siut   ear
siuttoq   harpooner
sivikit-   take a short time
sivisu- (sivisuumik)   take a long time
sooq   why?
soorlu   as if
sooruna(mi)/soorngunami   of course

soqutaa- what does it matter
soqutigi- be interested in/care about
soraarummeer- graduate/take an exam
sorleq which?
sorraat- be cheeky
sorsug- (sorsunneq) struggle/fight (war)
su- be/do what?
suaar- call/yell
suallag- arrange/take care of
sualug- be a lot/too much/powerful/great
sualuit this and that/various things
suanga- be powerful/shout at
suilaarsar- entertain/get time to pass
sukag- tighten/not give way
sukanga- be tight
sukka- go fast
suli still/yet
suli- work
suliari- work on
suliassaq work/job to do
suluk wing
sumi where?
sumiit- be where?
sumunnar- go where?
suna (su-) what?
sunaaffa why!/it turned out that
sungarniit- taste bitter
sungiusar- train
sungiut(i)- get used to
supi-/supoor- blow
supi-/supput(i)- overflow banks
sussa what the hell/never mind
sussaajunnaar- be worthless
sussagaluar- why not/what does it matter if
sussakkeer- lose interest in/be disinterested
suu yes
suunngit- be useless
suusupagi- consider worthless
taa- call/name
taagor- name/repeat (several things)

taaka   over there
taallaq   verse/poem
taama   thus
taamaaginnar-   continue the same
taamaalior-   do thus
taamaallaat   only
taamaat- (taamaali-)   be (become) thus
taamaatit-   give up/stop
taamaattoq   however
taamaattumik   therefore
taamak   thus/it is gone/there is none
taamani   then/at that time
taamannak   in that way
taanna (pl. taakku[a])   it/him/her (mentioned)
taannaqa   as I thought!/as you can imagine
taaq (taar-)   (be) dark
taarser-   exchange
taarsi-   get dark
taarsiissut   compensation
taassuma   rel. case of taanna
taattu   appearance (face)
taava   then
taggarik   pitch dark
tagiar(tor)-   rub
takanannga(aniit)   from down there
taki-   be long
takkut(i)-   show up/appear
takkuuk   look!
takoranner- (nom: takoranneq)   be beautiful to look at
takorloor-   see in one's imagination
takornar-   see for first time/visit
takornartaq   stranger
takorroor-   see a vision/imagine
taku-(nnig-)   see
talarti   funnel (Danish)
taleq (tallit)   arm
talerpik   right hand
talli-   grow long
tallimat   five
tamaanga   to here

tamaannar-   come here
tamakker-/tamakkii-   do completely/all
tamalaat   various
tamanna (tamatuma)   this
tamanut tamaanga   all over the place
tamaqanngit-   be naked
tamar- (tamarmik/tamaasa)   all/everything/everyone
tamassa   here is/here you have
tamaviat (tamaviaar-)   with (put) all one's strength (into)
tanneq   minute hand of clock
tapiissut   financial benefit/bonus
tappavunga   up there
taqqama   in there
tarnaasor-   fetch back soul (shaman)
tarpanganeq   opening of tent flap
tarrajaar-   be dim
tarrajug-   be twilight/semi-dark
tarranig-   be reflected in water
tarraq   shadow/reflection
tarrarsuut   mirror
tarrit-   disappear (behind s.th.)
tasamanimiut   people living down there
tasimmarig-   be properly taut (drum-skin)
tasior-   take by the hand
tasisuaartoq   rubber band
tasit-   stretch
tassa   that is
tassalu   and so
tassami   indeed/sure (but)/for
tassani   there/here/then
tassannga (tassunga)   from there (to there)
tassanngaannaq   suddenly
tassaqa   hardly/I don't believe it
tassuugu   after a while
tatamit-   be terrified
tati-   block/hinder/squeeze
tatigi-   rely on/trust
tatikumiar-   support/take around shoulders (unusual formation
   from tati-)

teqeqqoq   corner
terianniaq   fox
terlinganeer-   creep up on by surprise
tiffar- (tiffasig-)   come (be) further in (e.g. to room)
tiggut(i)-   attack
tigu-(si-)   take
tigumiar- (tigumiaq)   hold in hands
tigummivik   grip
tii   tea
tikeq   index finger
tikeraar-   visit
tikila-   come in gusts (wind)
tikit- (tikisaq/tikitaq)   have arrived (home)
tikkuar(tor)- (tikkuagaq)   point at
tiller-   beat (pulse)
tillig- (tilligaq)   steal
tillinniaq   thief
timerleq   (thing) furthest in direction of inland, etc.
timerseq   "inlander"
timi   body/area inland/rear of house
timiusiaq (timiusissat)   rye bread
timmi-   fly
timmisartoq (also timmisaat)   airplane
timmukar-   go towards land
tingit-   be blown away (by wind)
tinnaar-   be crazy
tinner-   give a push/shove
tinngivigi-   fly at
tipa-   be frisky/in high spirits
tipi-   drift ashore
tipigig-   smell good
titar- (titartagaq)   draw (s.th. drawn)
titeqqulug-   give a creak
tiva-   do a drum dance
toor-   push against/knock/prod
toorni-   contact spirits (shaman)
toqqammavik   refuge/support (e.g. person)
toqqar-   point out
toqqit   (see: tupeq)
toqqor-   hide

toqu (toqu-)   death (die)
toqunerit   dead leaves
toqunga-   be dead
toqut- (toqutaq)   kill
toraar-   head for
torar-   land/hit (one after another)
torlorar-   cry out (repeatedly) to
tuaversor-   rush (towards)
tuavior-   (exclaim: tuavi!) hurry
tug-   come to rest/fall/knock against
tui   shoulder
tuiller-   put on kayak-jacket
tukernersor-   struggle/kick against
tulag (several: tulaa-)   land/come back from dance floor
tulleq   next (thing/person)
tulleriig-/tulleriiaar-   do one after another
tulluusimaar-   be contented/proud
tuluk   Englishman
tumaarpaluk   sound of footsteps
tumi (tumaa)   track/footprint
tumisior-   follow tracks (of)
tummar-   step on
tummeqqat   stairs
tungaatigut   as regards
tungi- (tungaa)   direction (can be enclitic to directionals)
tungujor(tit-)   be (become) blue
tungusunnit-   taste sweet
tuni-   give s.th. to/sell
tunnga-(ssut)   be based on/touch (basis)
tunngavik   foundation/basis
tunniut(i)- (tunniussor-)   give (give several)
tunu (tunummut)   back
tunummukar-   go back
tununger-   go behind
tunusuk   nape of neck
tunut-/tunutit-   turn back on
tupag-/tupaator-   give a (wake with a) start
tupeq (toqqit)   tent
tuperfigi-   camp at
tupigutsag-/tupigusug-/tupigi-   be astonished (at)

tupinnar-   be surprising
tuppallersaat   comfort
tusaa-   listen to/hear
tusaama-   have heard about
tusagassarsior-   be on look out for news
tusajarsunnar-   be rather hard to hear/unclear
tusaqu-   (ask) to be heard
tusar- (tusagaq)   hear
tusarnaar-   listen to
tusarsaa-   can be heard
tusiag-   limp
tussiar-   sing hymns
tussiut   hymn
tusunar-   be enviable
tuti-   tread (on)
tutsiut(i)-   be heard
tuttu (tuttunniar-)   (hunt) reindeer
uagut   us
ualissut(i)-   become late in the afternoon for one
uanga (uannut)   me
uani   there/here
uffa   although/there
uffami   it's just that/if only
ui   husband
uiar-   round a headland (or building)
uillarneq   widow
uinig-   get a husband
uinik (uinnga)   flesh
uinngiula-   whine/whistle
uippaller-   be shaken/startled
uissanngu-   feel dizzy
uissuummi-   be astonished
uit-   open eyes
ujakkar-   bend over
ujar-   look for
ujarak (ujaqqat)   stone
ujatsiutit   braces (on trousers)
ukaleq   Arctic hare
ukalerniar-   hunt Arctic hare
ukiaq   fall/autumn

ukiassar- be towards the fall
ukii- spend the winter
ukioq winter/year
ukiorissaar- be a good winter
ukkisi- stare
ukkusissaq soap-stone
ukuaq sister/daughter-in-law
ukusartoq clasp-knife
ulapiinnaq hurriedly
ulappuser- get a move on
uleer-(si-) uncover
uliguaasaq cape
ulik (ulig-) cover
ulikartit-(si-) tip out
ulikkaar- be full
ulit- (ulinneq) (be) high tide
ullaakkorsiut breakfast
ullaa(ralaa)nnguaq early in the morning
ullaaq morning
ulaassaq early morning
ulli- stay the day
ulloq day
ulloror- be well into the day
ulluinnarni every day/daily
ullumi today
uloriasug- feel afraid/nervous
umerualaar- examine closely
umiaq "women's boat"
umiarsuaaraq small ship (trawler, cutter, etc.)
umiarsuaq ship
umiarsuarmiu/umiartortoq sailor
umiatsiaq rowing (motor) boat
umik tent flap
umissior- make an umiaq
una (pl. uku) it/him/her
unaaq harpoon (shaft)
unammi- compete
unaruusarsuaq/unapalaarsuaq bad person/"bastard"
unerig- be settled/calm
unermig-/unermiliut(i)- carry under arm

ungasiar-   be rather far
ungasig-   be far
ungata(a)   far side of s.th.
unger-   string together
ungersuut(i)-   lace oneself in (e.g. kayak-jacket)
unig-   stop
unikkari-   tell about (a tale)
uninnga-   stay somewhere
unior-   not hit/not match
unner-   say (...-sumik: that...)
unngutaar-   surround
unnia   they say
unnuaq (unnuaror-)   (become) night
unnugiaq   evening time
unnui-   spend the night
unnuk (unnug-)   (become) evening
unnukkillisaat   way of passing/shortening evening
upernaaq   spring
upit-   cry/lament
uppat   thigh
upper(i)- (uperisaq)   believe (religion)
upperniaqatigiit   religious sect
uppit-   fall
upput   lament
usi (usi-)   load (be loaded)
usi   by the way
usiliut(i)-   load (onto s.th.)
usornar-   be enviable (it's easy for him!)
usorsit-   become happy/proud
ussag-   crowd together
ussassaarut   lure/advertisement
usserar-/ussersor-   gesticulate
usernar-   be tempting
usik   cow/cattle
ussuk   bearded seal
usuk   penis
utaqqi-   wait
uter- (utimut)   return
utersigi-   be loath to give up
utoqqaq   old (person)

utoqqakkoor-   sort out the oldest
utoqqasaaq   old person
utoqqatser-   apologize
uukkar-/uukkaa-   crumble away
uumaak/uumaaraa (variant of uumaangaa)   hey you!
uumasoq   animal
uumigi-(nnig-)   hate
uuminar-   be annoying
uummat   heart
uunnaavik   kettle
uunnasser-   warm up
uut-   roast/boil/cook
uuttor(taa)-   measure/try

Suffixes and Enclitics

a   several (times/people)

aasiit/aasit   (enclitic or independent: also aa) again as usual/as expected

ajaa   (see: iaa)

allaq (nom.: allak)   (suddenly) a bit

aluit   a number of

araq (aqqat)/eraq   small

aseq   (see: useq)

ataar   hard/very

atsiaq   variant of tsiaq (esp. with soq + — + nngor/u)

er   remove/be removed

er   (see: ler or r)

eraq   (see: araq)

erut(i)   lose/be removed

ffaarig   very much

ffik   (see vik)

+ gaa(ngat)   whenever/every time

gaa   (see: saa)

+ gaanni   (see: Verbal inflections [c])

+ gajug   often/all the time

+ gallar   for time being/a while

+ galuanngit   not at all

+ galuar (galuit; nom.: galuaq)   but.../previously/in vain

+ galuttuar/galuttuinnar   on point of/more and more

gaq (kkat)   passive participle of r-stems

gi (-nnig; indic.: gaa, etc.; before -lugu, etc.: ga)   have as /consider

gi (gu before indicative -joq, etc.)   and so/moreover

+ giar   (go and-; see: jartor)

gig/rig   have a good-

gigaluaq   former

giig   be mutually

+ giartor   (see: jartor)

ginnar   (as innar, after two/double vowels)

gissaar   have a good-

gooq/nngooq (enclitic)   they say/apparently

+ gunar   probably/look like

i/a/si "half-transitivizer"
iaa/iar/ajaa   remove
ig   (see: vig)
imi   (see: umi)
innaq/annaq   only/just (soq + — + u: suinnaa)
innar/annar   just
ior   (see: lior)
isaa   (fixed nominal form on i-stem verbs) while/until
isaq   have/be few
it   be without
itigi   (see: utiqi)
jaar   early
jallag   (see: allag)
jartor/ + giartor   go and-/more and more
jartuaar (nom.pl.: jartuaat)   gradually more and more
juar/ + tuar/avar   continuously/all the time
juit   never
+ juma/uma   want to
+ jumaar   will (some time)
+ jumaataar   take a long time -ing
+ jumaller   feel like -ing
+ juminaat   be difficult to
+ juminar   be easy to
+ junnaar/gunnaar   no longer/stop
+ junnarsi   presumably
kaa   several/in a group
kasik (verbal: kasig)/kassak   poor/bad/silly (soq + — + u:
   sukasiu)
katag   be tired of/a long time -ing
kit   have little
kkat   (see: gaq)
kkataaq   big
kkiartor   (see: jartor)
kkoor   go via
kkuma   (see: juma)
kkusug   (see: rusug)
kkut   -and companions/family
koq   discarded/former
kula   often
kullak   clumsy (big)

kulug   quite
kulug/kkulug   dear/naughty (subjective coloration)
kusoor/kutsoor   a lot/hard
laar (nom: laaq)   (a) little
ler   begin/be doing
ler(lii)/er/ser   provide with/put on
leri   be concerned/occupied with
lersaarut   account/story of
lersor/ersor   provide with/put on (several)
lertor   quickly/a while
+ li (enclitic)   but/ever since
(+)li/ + si   become
liaq (lissat)   made (thing)
liar   go to
lik (llit/llip/llip)   provided with/having
lior/ior   make
liuut(i)   make for
llaatiga(luni)/llaataa   while/ -ing (the latter a fixed nom. form
   on verbs)
llaqqig   be good at/easily
llaqunar   be hoped that
llar   narrative "strengthener" (for repetition, with indic.: llaaraa, etc.
llasaar   suddenly
llatsiar   a bit/a while
llattaar   now and then
llassa   will, just you see
loor   quite a bit/all the time
+ (l)luar   well
+ (l)luataar   take one's time -ing
+ (r)luinnaq/ + (l)luinnar   completely
+ lu (enclitic)   and/as soon as
+ lusooq (enclitic)   as if
+ luunniit (enclitic)   or/even/-ever/actually
+ maa (enclitic - for maanna)   (well) now
+ mi (enclitic)   yet/still/indeed/what about
+ (m)mi (indic.: mioq)   and then/moreover (strengthened)
+ miit/niit   be in/at
mineq   piece of
misaar   a bit
+ mita(ava) (enclitic)   I wonder

+ miu/mioq   inhabitant of
mmersor   a (long) time
+ mukaa   several go to
+ mukar/nukar   go to
naar   do/find more than expected
+ nar   be such as to/ - able
+ nar   go towards (with directional stems)
+ nasuar   quickly
+ nasugi   think that
+ naveersaar   try not to
+ navianngit   (will) certainly not
+ neq (nerit/nerup)   nominalizer/most
+ neqar   passive
+ neqqisaat(i)   compete at
+ ner   I   wonder/whether
+ (n)ner   be good to -
+ nerar   say that
+ nerlior/ + nerlug   badly
+ nerpaa   do/be most
+ nersaq   the most
+ neru   more
ngaar   very/greatly
ngaatsiar   quite a bit
ngajag   almost
ngajassaa   on point of
+ niar (nom.: niaq)   try to/future/imperative modifier
+ niariar(mat)   as soon as
+ niariutaa/niutiga(luni)   as soon as (the former a fixed nom.
   form on verbs)
+ niarsari   try (despite difficulty)
nig   get/there have come -
+ nikuu   perfective aspect/have -ed
+ nisaq   s.th.(left) from (last) -
+ niut(i)   compete at
nngilaattaani   just before (NWGr.: fixed nom. form on verbs)
nngit (nngisaq)   negative
nngitsoor   happen not to (though expected)
nngooq   (see: gooq)
nngor   become
nnguaq (nnguit)   little (soq + — + u: sunnguu)
nnguar   a little

nnguatsiar   seem to/probably
nni   look like
orar   one after the other
+ (r)paat/(r)paaluit   a lot of
pajug/pajaar (nom.: pajaaq)   pretty much
+ (r)palaaq   sound of
palaar   more or less
pallaar   (see: vallaar)
+ (r)pallag   be heard
pallag   quickly
+ (r)palug   seem/look/sound like
+ par   move further in a direction
+ pasig   seem/look like/lie to the - (with directionals)
+ (r)passuit (passuar)   many
+ (r)piaq (+ (r)piar)   real (really)
piloor   hard/powerfully
piluk   bad (soq + — + u: supiluu)
pilussuaq   great big
qar   have
qat (qatigi)   companion/fellow at (have as fellow-)
qatigiig   be/do mutually
qatigiit   association of
qattaar   repeatedly
qi/qa (indic.: qaaq, etc.)   very/"strengthener"
qina   don't/watch out or -
qqa   in state of
qqaaq   one that has just -ed
qqaar (nom.: qqaaq)   first
qqajaa   about to/can any time
qqajaqi   would (hypothetical)
qqajar   almost
qqammer   recently
qqar   barely/not much
qqig   again/further
qqinnaar   completely
qqisiit   most (older Nuuk dialect)
qqissaar   carefully/exactly
qqortooq   one with a big -
qqu(-si) (also qu)   ask/tell to
qut/qqut   (see: ut)

(e/a)r   say (a phrase)
raa(ngat)   (see: gaa)
ralaannguaq   tiny/little
rallar   (see: gallar)
raluar   (see: galuar)
rari/ari (before nngit: raa)   (see: sari)
rasaar   be covered with
ratar/ratannguar   suddenly
reer   already
ri   (see: gi)
riaannaa   can easily
riaannanngor   become ready to
riallar   "strengthener"/narrative unexpectedness
riannguar   "strengthener" (s.th. surprising)
riaq   s.o. come to
riaqar   (see: sariaqar)
riar   single vivid action/(with -luni, etc.:) after -ing
riar (tor)   (see: giar and jartor)
riar   do so many times
riasaar   suddenly
rig   (as gig, but may cause gemination))
rlaaq   s.th. newly -ed
ror   hit on the -
ror   become
rujug/rujoor   somewhat/a bit
rujussuaq   enormous
rulug/ruloor   hard/very
ruma   (see: juma)
runnaar   (see junnaar)
rusaar   slowly
rusug/kkusug   would like to
ruttor(luni)   while at height of -ing
ruusar   rather
saa/gaa/taa   passive
+ saannar/taannar   all the time
+ saq/taq   passive participle
+ sar/saar   try to get to
+ sar/tar   repeatedly/habitually (pass. part. usually: sartagaq)
+ sari (saraaq)/rari   habitually
+ sariaqar/tariaqar (also riaqar)   must

ser   (see: ler/er)
sersor   (see: lersor)
+ si   get/find (trans.: get from)
+ si   become (see: li) or "half-transitive" (see: i)
+ si/ti   agent/one who -s
+ siaq   s.th. received
+ (t)sii   wait for
+ sima (can also be truncating)   perfective
   aspect/past/apparently
+ simaar (can also be truncating)   continue in (perfective) state
+ sinnaa   can
+ sinnar(luni, etc.)   after (also "strengthener" with mi)
+ sior   look for/move about in/on
sit   (see: tit)
+ soor/toor   do by chance
+ soq/toq   intrans. participle/one who -s
soq   (see: toq)
+ sori (soralugu)   think that
ssa (indic.: ssaaq, NWGr. ssooq, etc.)   future/must
   (be/have)
ssaar   stop/no longer
ssaarut(i)   not have any more -
ssagaluar   would (hypothetical)
ssamaar   intend to
ssanga(tit)   expect /think-
ssaq (+ i: ssi)   a future -
ssaqqaar   will, wait and see/(with - toq, etc.) while still -ing
ssaqqig   be good as a -
ssu   (see: ssa)
ssuseq (also + suseq: ssutsit)   quality of/(ssusia) how -!
ssut   reason/means for
ssut(i)   do for (s.o.)
+ (r)suaq (suit/suup)   big (soq + — + u: sorsuu)
+ (r)suar   greatly
+ sugi   think that
sungar   almost
+ sussaa/tussaa   is to
+ t(s)aalior   prevent from
+ taaq   new
+ (t)taaq (enclitic)   also

+ taar   get a new-/acquire
+ taq   pertaining to/part of (and see: saq)
tar   (see: sar)
+ (ti)ter (teri)   gradually/bit by bit (one smooth action)
+ ti/taa   (see: si)
+ tigi/sigi   so
+ tit/sit(-si) (also truncating; pass. part.: titaq)
   cause/become/consider
+ tit(lugu/nagu)   while/before
+ tooq   one with a big -
+ toor   (see: soor)
+ toq/soq (enclitic)   would that
toqaq (toqqat)   old
+ tor   eat/drink/use
tsiaq (tsiaami)   fairly/medium-sized
tsiar   a while/somewhat
+ tuaannar/tuinnar   all the time
tuaq   only
tuar   (see: juar)
u/a   be (can take trans. endings in impersonal time expressions)
uar   (see: juar)
uma   (see: juma)
umi   a bit
ummer/ummi   suddenly (especially of a feeling)
una/uku (enclitic)   (see under Stems)
unnaar   (see: junnaar)
usaar/asaar   keep on -ing
(+ su)usaar   pretend to (be)
usaq   thing like a -
usar/asar   somewhat/more or less
useq (utsit)/aseq   manner of -ing
ussor   do with/for (several)
ut/rut/(q)qut   means/thing for (riar + —: riut)
ut(i)/qut(i)/(it(i) after i-stems)   possessed thing/supply of
ut(i)/at(i) (ussi/ussaq)   do with/for/with respect to/reciprocally
utigi/atigi/jutigi   have as means of/(with -lugu, etc.:) at same
   time as
+ vallaar/pallaar   too much
var   (see: par)
vig/ig/vissor   really

vigi/ + (f)figi   transitivizer (have as place of -ing)
vik/ + (f)fik   place/time of (also person; vik causes gemination)

Inflections

Nominal:

a) Non-possessed

	singular	plural
absolutive	—	(i)t
relative	(u)p	(i)t
instrumental	÷ mik	÷ nik
allative	÷ mut	÷ nut
locative	÷ mi	÷ ni
ablative	÷ mit/miit	÷ nit/niit
prosecutive	kkut	÷ tigut
equative	÷ tut	÷ tut

Demonstratives:

Non-possessed

	singular	plural
absolutive	una	uku(a)
relative	uuma	uku(a)
instrumental	uuminnga	ukuninnga
allative	uumunnga	ukununnga
locative	uumani	ukunani
ablative	uumannga(aniit)	ukunannga(aniit)
prosecutive	uumuuna	ukunuuna/ukuatigut
equative	uumatut	ukuatut

Bracketed "i" and "u" only with "strong" consonant stems;
many stems ending in "weak" "q" undergo gemination before
consonant-initial endings. Like *una* is anaphoric *taanna*
(taassuma, etc.). Corresponding oblique adverbial forms: *uunga,*
uani, uannga, ugguuna, etc.

b) Absolutive possessed

possessor	singular possessed	plural possessed
1s	ga	kka
2s	(i)t	tit
3s	a	i
4s	ni/i	ni
1p	+ (r)put	vut
2p	+ (r)si	si
3p	at	i/at
4p	+ (r)tik	tik

c) Relative possessed

possessor	singular possessed	plural possessed
1s	÷ ma	ma
2s	+ (r)pit/vit	vit
3s	ata	isa
4s	÷ /-mi	÷ /-mi
1p	tta	tta
2p	ssi	ssi
3p	ata	isa
4p	÷ /-mik	÷ /-mik

4s *i* causes gemination; 3p *at* occurs after stems in *a(C)* or "i_2".

d) Oblique possessed: locative

	singular possessed	plural possessed
possessor		
1s	nni	nni
2s	nni	nni
3s	ani	ini/ani
4s	÷ mini	÷/-mini
1p	tsinni	tsinni
2p	ssinni	ssinni
3p	anni	ini/anni
4p	÷ minni	÷/-minni

3p *ani/anni* with stems in *a(C)* or "i₂". The other oblique cases are similar. Note, however, prosecutive 3s *agut/atigut* and 1p *tsigut* (equative *tsitut*), and equative forms with "s" from "t" after original "i₁" (e.g. 3s *meeraasut*).

Verbal:

a) Indicative:

intransitive   transitive object

subject	1s	2s	3s	1p	2p	3p
1s +vunga		+vakkit	+vara		+vassi	+vakka
2s +vutit	+varma		+vat	+vatsigut		+vatit
3s +voq	+vaanga	+vaatit	+vaa	+vaatigut	+vaasi	+vai
1p +vugut		+vatsigit	+varput		+vassi	+vavut
2p +vusi	+vassinga		+varsi	+vassigut		+vasi
3p pput	+vaannga	+vaatsit	+vaat	+vaatigut	+vaasi	+vaat

Negative: *nngilaq/nngilaa,* etc. Note "contracted" forms with suffixes *gi, qi, sari* and *ssa,* such as 3s-3s *gaa, qaa* and 3s *ssaaq,* in which the initial *v* is deleted.

b) Interrogative

Same as indicative except for instrasitive 2s + *vit,* 3s + *va,* 2p
+ *visi* and 3p *ppat* (and some 2nd person subject transitive forms
with + *vi (si)-*).

c) Participal

As indicative, but with intransitive + *su-* instead of + *vu-,*
alternating with + *tu-* after consonant (3s + *soq,* 3p + *sut*), and
with transitive + *gi* (*ga* before a vowel) instead of + *va(r)* (thus
3s-3s + *gaa*). Note 1s-3s *giga,* 2s-1s *gimma* and 4th person forms
such as 3s-4s *gaani;* 3p-4s *gaanni* has a special meaning "when
one" (trans. or intrans.).

d) Imperative/optative

intrans.		trans. object			
subject		3s	3p	1s	1p
2s	(g)it/ + na	(g)uk	kkit	nnga	+ tigut
1p	+ ta/sa	+ tigu	+ tigik		
2s	gitsi/gisi	+ siuk	+ sigik	+ singa	+ tigut

The optative (1st and 3rd person) is as the indicative, but with
+ *la* (1st) or + *li* (3rd) instead of + *vu/va(r)* (3s intr. + *li,* 3p + *lit*)
and with 3rd subject-3rd object forms + *liuk/ligit* (sing. subject)
and + *lissuk/lisigik* (plural object).

e) Conditional

intrans	trans. 3s & 3p object	
1s +guma	+gukku	+gukkit
2s +guit	+gukku	+gukkit
3s ppat	ppagu	ppagit
4s +guni	+guniuk	+gunigit
1p +gutta	+gutsigu	+gutsigik
2p +gussi	+gussiuk	+gussigik
3p ppata	ppassuk	ppatigik
4p +gunik	+gunikku	+gunikkik

Other forms as expected from indicative/participial, but note
2s-1s +*gumma*, and 1s/p-4p +*gutsik*.

f) Causative

As conditional, but with +*ga* instead of +*gu*. Third person
forms with "mm" rather than "pp" and 4th person forms with
"m" rather than "n" (thus +*gami*, etc.). Note the negative
paradigm *nngin-nama*, etc., (and contingent +*gaa-ngama*, etc.
"whenever").

g) Contemporative

Subject/object

1s +(l)lunga	3rd person object	
2s +(l)lutit		
4s +(l)luni	Singular	Plural
1p +(l)luta	+(l)lugu	+(i)lugit
2p +(l)lusi		
4p +(l)lutik		

The negative paradigm (also used for negative imperative)
replaces + *(l)lu* with + *na*, but note 2s + *nak* and alternative 4s
gani/rani after velar/uvular stems. Stems ending in *gi* produce
galugu, etc. in the contemporative.

Appendix

The new Greenlandic orthography used in this reader was officially adopted in 1973. Since then it has been used in all new books and official publications, but has only gradually been making headway into general literary publications. Today the "old" orthography introduced by Samuel Kleinschmidt in the middle of the last century is used alongside the new so, to read the bulk of Greenlandic literature, familiarity with the older orthography is still necessary—especially, of course, for works published before 1973. Perhaps after a couple of decades all new works will be in the new orthography, as planned. A sample of the old orthography follows: it is the first page of Frederik Nielson's "Ilissi tassa nunassarsi," corresponding to p. 85 in this reader. The capital "K" should be reduced in size.

nunatorKame

1.

nunaKarfingmingne kiserngorúkiartuínarput. ilait autdlakăput, tamarmik avangnamut, avangnamut.

akugtusinatik Kimugsit Kavánga nagdliútaraut tamarmik taima inoKartigissut, usitigissut. ilăne uvdlīnararaut, ilăne Kimugserfigssángorserdlugo aussissaraut, erinitsagkiartuínardlutigdlo imaK atugssaussumik sikuniariartoK taimak avangnamut, utertoKásanatigdlo.

Avátakut kisingajangmik uníngassûlerput itsaK inuit nunarssuáne. inūssutigssat nămagtut pigait, ukioK aussardlo tamarmik inūssutigssauteKarput, angatdlaveKarputdlo ingiarniúneKarnigssamingnik erngumanauteKángitsumik. piniagagssat nunamiut imarmiutdlo atissaralugitdlo nerissarait táukunúngalo atortugssamingnik pivfigissardlugit. sôrme tauva nuna taimáitoK kimásavât ímaKa nunagssaK ajorssarfigssaK asule tikīnásavdlugo?

inuitdle tamâne nunaKartut iluáne piñgoriartorpoK erinineK, sumut nalussamut erinineK. sujuaissamik nunaKarfitoKait Katsúkiartuínarpait sôrdlûko avdlamik, nunamik nangmingneK túngaviligagssamingnik pigissaKalísavdlutik erinitsagkiartuínartut.

taimáinermingnúme ăma píssuteKarput.

Kangale kujatânit tikítartunit tusâmalersimavât nagguveKatitik tarKavane taserssuit erKáne nunaKartut sinerpartertalersut inugssuarnit avdlanit ingiarneKariartuínaramíngôK. inugssuit táuko sákugigsârtut tamânga nunap timáinarssuanit aggersûngmata timersernik taissarsimavait. issíkue avdlanarnerarpait: inuínarnit angnerit ilait timimíkut merKuligssuit, ilaitdlo timimíkut inuit ássigīnariardlugit Kingmisut ugpatigdlit. mákulo tupingnarnerusimáput sâmíkut ingmingnut atassunik igartagdlit.

The principal difference between the old and the new orthographies is that the latter is more or less "phonemic" —with one orthographic symbol corresponding to one distinctive sound—whilst the old orthography is "morphophonemic", or more transparent as regards the underlying elements making up the word. It does not reveal the pervasive assimilation processes in the modern language that have obscured old consonant and vowel clusters, but reflects rather an earlier stage of the pronunciation of the language closer to that of the Canadian and North Alaskan forms of the Inuit language still used today. The new orthography does reflect the actual pronunciation today, and in this respect is closer to the new phonemic orthographies for Inuktitut and Inupiaq. In general one can say that whereas the old orthography assists the non-native learner of the language to recognize the component elements of complex words, the new orthography is a more convenient tool for native-speakers in that it does not demand the learning of arbitrary spellings conventions (as for English). It does have a tendency, however, to allow confusing printing errors to creep in unnoticed. Understandably, those Greenlanders who have gone to the trouble of learning the conventions of the old orthography still show a certain resistance to the new one.

The specific differences are as follows. A reduced capital "K" is found for modern "q"-which entails that capital letters are not used to start new sentences (but an apostrophe can be used following an initial "K" in proper names, which do start with capitals). Old consonant clusters (including "rK", corresponding to modern "qq") are now simply written with the geminate (double) form of the second consonant, except for "r" plus another consonant, which is retained, indicating a uvularized or "pharangealized" geminate of the second consonant. The old diphthongs "ai" (except when word-final) and "au" are now written as long "aa", as pronounced, and final "i" and "u" are no longer written "e" and "o". The combinations in the old orthography representing geminate "l" are particularly confusing ("dl", "tdl", "vdl", etc.), and occasionally they do not reflect an earlier pronunciation at all, as in "avdla" for *alla* "other", where there probably never was any "v" (assimilation was already well advanced in Kleinschmidt's time, and he occasionally made a mistaken guess at an earlier pronunciation). Also

confusing is the use of "ss" for single "š", a retroflex/post-
alveolar sibilant now largely merged with ordinary alveolar "s",
and as such no longer distinguished in the new orthography. In
certain contexts an intervocalic "j" or "v" in the old
orthography is omitted in the new (see the introductory remarks
to the Glossary). Most striking of all differences, however, is the
use of three diacritic signs, ´ (sukassut), ^ (sivissut), and ˜
(sukassutaasaq), all indicating vowel and/or consonant length.
The first indicates the doubling of the following consonant
(usually from original "t" plus another consonant), the
second indicates a long/double vowel, and the third a
combination of long vowel plus following double consonant.

   The only "non-phonemic" elements left in the new
orthography are the retention of "e" and "o" for respectively
"i" and "u" before uvular consonants, and the use of "ff" (also
"f" after "r") for unvoiced geminate "v"; these were felt to be
too deeply engrained in the written conventions of the language
already and represent a compromise acceptable to the majority of
Greenlanders ("f" is in any case needed for Danish loan words). It should
be pointed out for readers more familiar with Canadian and Alaskan
orthographies that fricatives (also "l") written double are always
voiceless (thus "gg" = [xx], "rr" = [XX] and "ll" = [ɬɬ], and
this includes when they are written single following an "r" (thus
"rl" = [ʵɬɬ]. Single segments are otherwise always written with
single and double ones with double letters (though "ng" is a
single velar sound, whose geminate equivalent is "nng"). The
only distinct sound that is not represented in the new
orthography is the single uvular nasal [N] found when a final
"q" is followed by a vowel-initial enclitic (at least in the central
Nuuk dialect), as in *arnaq-una [arnaNuna]*.The geminate version
of this sound is indicated, however, by "rng", as in *paarngaq*.
Enclitics in the old orthography are generally separated off by a
dash, which is also possible in the new—especially cases with
"q", as above—but otherwise run together with the preceding
word in the new (final "k" becoming "ng" and "t" becoming
"n"). I assume that the reader is familiar with the sound values
of the new orthography. They are much as in Canada or Alaska,
but I should point out that West Greenlandic "t" before an "i"
(or "e") is assibilated to [tˢ] (as in *timi*); the corresponding
geminate is written "ts" (as in *sinitsippaa*, from *sinig-* plus

tippaa). The vowel "a" before a non-uvular consonant may be very "close", sounding like an "e", as in *sisamat* [sisamet]. As regards intonation patterns, there is a fall on the next to last vowel in most utterances (and a slight rise on the last one), but in yes/no questions the fall—at least around Nuuk—is on the final vowel.

An important matter not yet mentioned is that of newer Danish loan-words. These are written in their Danish form— though with a final "i" added and with the doubling of the final consonant as necessary, as in *cigaretti* "cigarette". The actual pronunciation of such words (as opposed to earlier, completely accomodated loan-words like *palasi* from "præst") allows for varying degrees of "Greenlandicization". It is useful for learners of the language lacking a background in Danish to realize approximately how such loan-words are pronounced, especially as regards the cardinal numbers, since all of those above 12 (and sometimes those below) are actually Danish. The approximate pronunciation of these follow (the "r" is uvular, like the Greenlandic one); forms ending in *(i)t* are used to qualify plural nouns.

1 (en) en	16 (seksten) sajsten(it)
2 (to) tu	17 (sytten) sutten(it)
3 (tre) tre	18 (atten) atten(it)
4 (fire) fiia	19 (nitten) nitten(it)
5 (fem) fem/fam	20 (tyve) tiiva(t)
6 (seks) sess(i)	21 etc. (en og tyve, etc.) en a tiiva(t)
7 (syv) siiva	30 (tredive) trajvi(t)
8 (otte) orta	40 (fyrre) forru(t)
9 (ni) ni	50 (halvtreds) (h)alfiars(it)
10 (ti) ti	60 (tres) tress(it)
11 (elleve) elve	70 (halvfjerds) (h)alfiars(it)
12 (tolv) toll(i)	80 (firs) fiias(it)
13 (tretten) tretten(it)	90 (halvfems) (h)alfems(it)
14 (fjorten) fjorten(it)	100 (hundrede) (h)unnoruju(t)
15 (femten) femten/famten(it)	1000 (tusinde) tuusinti(t)

Thus a typical year such as 1976 "nitten hundrede (og) seks og halvfjerds" will be pronounced roughly: *nitten unnoruju sess a(h)altress(i)*.

West Greenlandic is, of course, a form of the Inuit language, whose dialects form a continuum all the way from North Alaska to East Greenland. Together with the Yupik languages of southwest Alaska and the eastern tip of Siberia it forms the Eskimo language family. Apart from the obvious fact that Greenlandic has absorbed a good many Danish loanwords, whereas Canadian and Alaskan dialects have recently borrowed from English, there are a number of ways in which central Greenlandic (the dialect forming the basis of the written language) differs from other forms of the Inuit language. Phonologically it has, as I have mentioned, undergone rather far-reaching assimilation of consonant and vowel clusters: in this and certain other respects it can be said to represent a more phonologically "advanced" form of the language than the progressively more "archic" ones back towards Alaska in the west. One important sound change that distinguishes it from Canadian and Alaskan dialects is the sound "š", now falling together, as mentioned, with ordinary "s". It corresponds to "j₂" in North America, pronounced [j] or [ž] so *isi* "eye", for example, corresponds to *iji* or *iži* there. Further information on such differences can be found in my comparative manual of 1983 (see Further Reading below). It will also be seen that there are marked differences in the productive suffixes (postbases) used in the various Inuit dialects—greater than differences in stems.

As regards the basic inflectional grammer all the dialects are very similar, though central West Greenlandic has completely lost the category of dual number so typical of Canadian and Alaskan dialects. On the other hand, nominal inflection is somewhat more complicated (or irregular) in West Greenlandic, with changes in progress amongst younger speakers today towards generalization of the more regular patterns. In the Glossary I have indicated nominal stems that undergo gemination, metathesis and other such processes when inflected—e.g. for plural number. One important inflectional feature to bear in mind is that West Greenlandic uses the *-voq* form of verbs for the ordinary intransitive indicative, with corresponding transitive *-vaa*, etc. The intransitive *-soq* form (corresponding to North American *-jug/žug*) goes with transitive *-gaa*, etc., to form a subordinate "participal" mood (for example in "object" clauses), which in many Canadian and—especially—Alaskan dialects forms the ordinary indicative mood. Finally, the fact that West Greenlandic now has many years behind it as a literary language has resulted, perhaps under influence from translations from Danish, in considerable syntactic elaboration at the hands of its literary practitioners, most of whom are—and have always been—bilingual. The frequency of multiple "embeddings" of clauses within clauses has doubtless increased in recent decades, away from the general preference of the Eskimo languages for "parataxis" (the stringing together of clauses serially) in oral narrative.

Further Reading

The availability of dictionaries and grammers in English for the study of West Greenlandic is somewhat limited, but the following works can be named:

Bergsland, K. 1955. A Grammatical Outline of the Eskimo Language of West Greenland. Mimeo, Oslo. (Written for linguists in a structuralist vein, this important work is not really suitable as an introduction to the language for non-specialists.)

Fortescue, M. 1980. A Comparative Manual of Affixes for the Inuit Languages of Greenland, Canada and Alaska. Meddelerser om Grønland. Man & Society no. 4., Copenhagen. (A description of the principal differences—especially as regards postbases—between the various Inuit dialects; contains a short text in each dialect; familiarity with at least one dialect presumed.)

Fortescue, M. 1984. West Greenlandic. Croom Helm, Beckenham, Kent. (Written for linguists in a predetermined series framework, this work is probably the most detailed grammatical description of the language to date, but cannot be recommended as an introduction for non-specialists.)

Schultz-Lorentzen, C. W. 1945. A Grammer of the West Greenland Language. Meddelelser om Grønland 129.3, Copenhagen. (A concise description of the main features of the grammer, with emphasis on inflectional paradigms. Old orthography.)

Schultz-Lorentzen, C. W. 1967 (reissue of the 1927 version). Dictionary of the West Greenland Eskimo Language. Meddelelser om Grønland 59, Copenhagen. (A standard work combining alphabetical and stem-classified arrangement, now somewhat out of date; old orthography.)

For readers of French there is a useful new work:

Enel, C, 1984. Eléments de grammaire et de vocabulaire de la langue ouest-groenlandaise. Documents du Centre de Recherches Anthropologiques du Musée de l'homme 8, Paris.

Other useful volumes which, however, lack English versions are:

Berthelsen, C. et. al. (editors). 1977. Ordbogi. Ministeriet for Grønland. (A short Greenlandic-Danish dictionary in the new orthography, up-to-date and at present being revised for an enlarged version.)

Bjørgmose, R. 1973. Grønlandsk Parlør. Borgen, Copenhagen. (A useful short Danish-Greenlandic phrase-book.)

Bugge, A. et. al. (editors). 1980 (1960). Dansk-Grønlandsk Ordbog. Ministeriet for Grønland. (A large Danish-Greenlandic dictionary, much of which, however, consists of explanations rather than equivalents of the Danish entries.)

Petersen, J. 1951-1968. Ordbogêraq. Ministeriet for Grønland. (A unique Greenlandic-Greenlandic dictionary, of limited use for the beginner.)

It should be mentioned that a large Greenlandic dictionary is under preparation at the Inuit Institute in Nuuk, which will eventually have both a Danish and, hopefully, an English version. There are numerous modern teaching books available, but all for a Danish readership. One of these at least should be mentioned, namely Christian Berthelsen's "Kalaallisut sungiusaatit/Læsestykker i grønlandsk", 1980, Nyt Nordisk Forlag, Arnold Busck, since its language is simple, its contents close to daily reality in Greenland, and it does not require a very advanced knowledge of Danish to follow. Accompanying tapes are available through Pilersuiffik, the Home Rule publishers of school material.

Of Greenlandic literature translated into English there is very little, but at least two works can be read in conjunction with an

English translation, namely the legend "Kâgsagssuk" (Lyngby Kunstforening, 1967, Copenhagen, as collected by Knud Rasmussen and illustrated by Jakob Danielsen, in Greenlandic, Danish and English); and Thomas Frederiksen's "Eskimo Dairy" (English translation: Pelham Books, London). There are also trilingual volumes of descriptive texts accompanying Jakob Danielsen's pictures of hunting life, "Jakob Danielsen, A Greenlandic Painter" (1967, Rhodos, Copenhagen) and Aron of Kangeq's depictions of the meeting of "Norseman and Skrællings" (E. Knuth: "K'avdlunâtsianik" 1967 Kal. Nun. Naq., Nuuk).

The following list represents a short selection of original works in Greenlandic which the enterprising reader might want to try to tackle without the help of a translation. It includes the works from which the excerpts in the present volume were taken. Items preceded by an asterisk were written in, or have been reissued in, the new orthography; those preceded by a § have been translated into Danish. Unless otherwise indicated they are published by the Greenlandic publishers Kalaallit Nunaanni Naqiterisarfik, Nuuk.

* Andersen, Karl-Peter. 1980. Tumitit aanngarumaarput.

   Brandt, Ole. 1971. K'ôKa.

§ Brandt, Peter. 1978. K'umârssugssuaK. (Private publication, Nuuk).

* Hendrik, Hans. 1971 (1979) Nutaraq.

§ Janussen, J. & A. Møller, (eds.).
   Taigdlat/Grønlandske digte. Gullander, Skjern. (A representative collection of poetry published in connection with the exhibition "Grønlandsk Kunst Idag", Copenhagen).

   Lohmann, F. & O. Brandt (editors). 1978. Suluit. (A collection of stories and poems, since extended to three new volumes, Suluit 2, 3, and 4).

Lynge, Augo. 1931. Ukiut 300-ngornerat. (Also in new orthography, 1986).

§ Lynge, Finn. 1977. Bulldozerip igdlinikuine erqarsautit/Tanker i et bulldozerspor.

Lynge, Hans. 1976. Erssíngitsup piumasaa.

§ Lynge, Hans. 1976. SeKajuk.

* Lynge, Hans Anthon. 1982. Umiarsuup tikinngilaattaani.

Lynge, Kristoffer. 1978. Kalâtdlit oKalugtuait oKalualâvilo. (Danish versions corresponding at least in part to these can be found in K. Rasmussen's "Myter og sagn fra grønland", 1924, or the older collection "Kaladlit oKalluktualliait", gathered and published by H. J. Rink and his co-workers L. Møller and R. Berthelsen in 1859 to 1863).

§ Nielsen, Frederik. 1934. Tûmarse. (Also in new orthography, 1973).

Nielsen, Frederik. 1970. Ilivse tássa nunagssarse.

Olsen, Inooraq. 1980. SilarssuaK angmarmat.

Olsen, Jakob. 1927. Akílinermiulerssaarut. Det grønlandske litteraturselskab, Nuuk.

Poulsen, Jens. 1970. Agdlagarsiat. (A collection of stories and poems by various authors.)

* Poulsen, Kristen. 1986 (1952). Angakkoq Papik.

Rosing, Otto. 1955 (1976). Taseralik. (Also in new orthography, 1984).

§ Sandgreen, Otto. 1967. Issi issimik—kigut kigúmik.

§ Storch, Mathias. 1914. SingnagtugaK. (Also in new
   orthographical version, 1974).

§ Uvdloriaq, Inûterssuaq. 1976. K'itdlarssuákúnik oKalualâK.

§ Vebæk, Mâliâraq. 1981. Búsime nâpíneK.

Villadsen, Villads. 1958. Jense.

Such a list should not be concluded without a mention of the two
Greenlandic newspapers with the widest circulation:
Atuagagdliutut, dating from 1961 (with parallel Danish since
1952, when it incorporated "Grønlandsposten"), and the Nuuk
weekly "Sermitsiaq" (also in parallel Greenlandic/Danish),
started in 1958.

   Finally, the two surveys of Greenlandic literature mentioned in
the introduction:

Berthelsen, C. 1983. Grønlandsk Litteratur.
   Centrum, Denmark.

Petersen, R. 1984. Greenlandic Written Literature.
   In: D. Damas, ed., Handbook of North American
   Indians, vol. 5 (Arctic). Smithsonian Institution,
   Washington D.C.